小时候的我。

我和妈妈。

我和哥哥艾伦。

手臂骨折还在打球。

我和朋友巴布。

希米恩高中时的照片。我希望当得起25号球衣的荣耀。

2005年，希米恩高中校队合影。

在伊利诺伊州季后赛中，从乔恩·沙耶尔手中抢球。他是一位真正的篮球手。（AP 图片）

绝杀皮奥里亚里奇伍兹高中赢得州冠军之后。我身边的是兰德尔·汉普顿。（AP 图片）

在孟菲斯大学，卡利帕里教练让我有家的感觉。（AP 图片）

在对阵加州大学洛杉矶分校的四强赛中上篮。（AP 图片）

该死的马里奥·查尔莫斯命中三分，把决赛拖入加时。（《今日美国·体育》，鲍勃·多兰）

人们问我篮球生涯中最大的遗憾，我说那是在NCAA决赛中输给堪萨斯大学。（AP图片）

突然间，许多 NBA 记者将我团团围住，问我问题。我是个内向的人，我对此毫无准备。（AP 图片）

我们在保利娜街的家。

被公牛选中，唯有爱意。（AP 图片）

我举着年度最佳新秀奖杯，与雷吉、妈妈和德韦恩站在一起。（AP 图片）

早年间，我经常练习扣篮。2010 年隔扣戈兰· 德拉季奇的一球。（《今日美国·体育》，马克·J. 罗比拉斯）

2010 年，乔金·诺阿、鲁尔·邓、我和布泽尔的合影。我爱我们的球队。（AP 图片）

有人问我，在进入联盟第三年，我对自己的期望是什么，我说：“我为什么不能拿到联盟的 MVP？”（《今日美国·体育》，迈克·迪诺沃）

直到与奥巴马总统单独见面，我才知道他是公牛的忠实球迷。（Newscom/ 白宫官方图片，皮特 · 苏扎）

我修缮过默里公园的篮筐和球场，公园就在保利娜街我家的拐角处。我努力默默地帮助他人。（AP 图片）

尽管我们的常规赛战绩越来越好，勒布朗·詹姆斯每次都使我们在季后赛铩羽而归。（AP 图片）

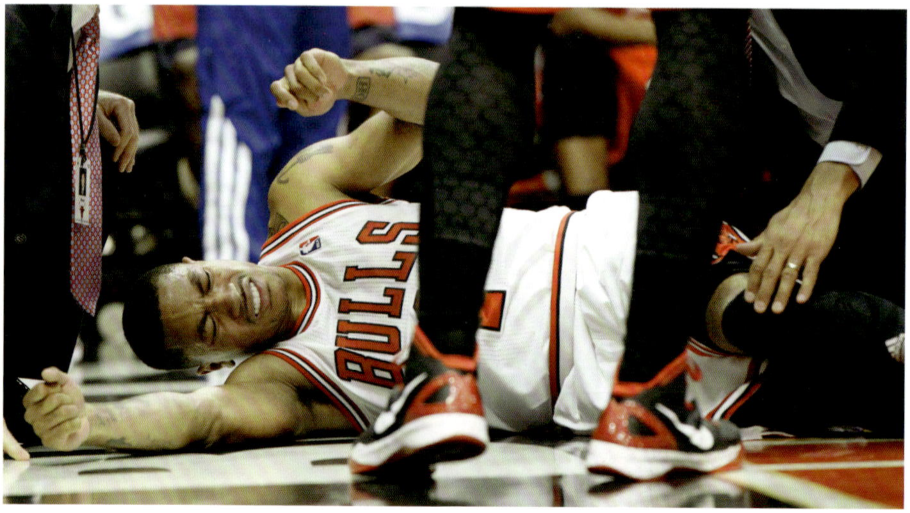

不错，膝关节前交叉韧带撕裂。这次伤病改变了我的一生。（AP 图片）

因为我不是一个话多的人，我认为这使得我穿着印有“我无法呼吸”的T恤更加引人注目。（Newscom/《芝加哥论坛报》，克里斯·斯韦达）

很多人不理解我与锡伯杜的关系，正是这样的沟通使得我们之间的关系与众不同。（AP图片）

我在公牛最后一年，球队开始输球，事情逐渐偏离正轨。但我听到被交易到尼克斯的消息时，我依然情绪激动。（AP 图片）

无论何时在中国，我都能感受到满满的爱。（AP 图片）

我真的以为我们那支尼克斯会很特别，但一到场上，我立刻意识到我们狗屁不是。（AP 图片）

有了孩子后，对于我理解我身处何地以及将来身向何方起到了巨大作用。（Instagram @laylamaliburose）

在 2019 年万圣夜砍下 50 分，并送出关键封盖，帮助球队获胜。我觉得，我经历了那么多逆境，这是我以自己的方式在展现我的实力。（AP 图片）

I'LL SHOW YOU

I WILL SHOW YOU

永不妥协

DERRICK ROSE
罗斯自传

[美] 德里克·罗斯
[美] 萨姆·史密斯 / 著
余焱琳 / 译

金城出版社
GOLD WALL PRESS
中国 · 北京

图书在版编目（CIP）数据

永不妥协：罗斯自传 /（美）德里克·罗斯,（美）萨姆·史密斯著; 余焱琳译. －北京：金城出版社有限公司, 2023.3

书名原文: I'LL SHOW YOU

ISBN 978-7-5155-2237-1

Ⅰ. ①永… Ⅱ. ①德… ②萨… ③余… Ⅲ. ①德里克·罗斯－自传
Ⅳ. ① K837.125.47

中国版本图书馆 CIP 数据核字（2021）第 132428 号

永不妥协：罗斯自传

著　　者　［美］德里克·罗斯　［美］萨姆·史密斯
译　　者　余焱琳
责任编辑　李明辉
责任校对　王思硕
责任印制　李仕杰
开　　本　710 毫米 × 1000 毫米　1/16
印　　张　13
插　　页　16
字　　数　140 千字
版　　次　2023 年 3 月第 1 版
印　　次　2023 年 3 月第 1 次印刷
印　　刷　鑫艺佳利（天津）印刷有限公司
书　　号　ISBN 978-7-5155-2237-1
定　　价　59.80元

出版发行　**金城出版社有限公司**　北京市朝阳区利泽东二路3号　邮编：100102
发 行 部　（010）84254364
编 辑 部　（010）64391966
总 编 室　（010）64228516
网　　址　http://www.jccb.com.cn
电子邮箱　jinchengchuban@163.com
法律顾问　北京市安理律师事务所 18911105819

我要感谢注视着我，赐予我天赋的上苍。

如果没有我的家人，我不可能做到我所做到的一切。感谢你们用坚韧的爱鼓舞我，容许我保持安静的自我。为了我的今天，你们在生活中做出了种种牺牲。我将永远铭记这一切，并心怀感激。我爱你们所有人。

目录

1

不妥协，与生俱来的性格

我想给本书取的书名是《永不妥协》，因为这本书代表了我、我的故事，以及我是怎样的人。

我们来看看你能做什么。我说的不是你要做什么，而是你能做什么。

这个书名体现了我性格中的两个方面。我是个内向的人。在很长一段时间里，我不明白这意味着什么。这种性格没什么不好，也不是什么错，但这会让人对你有看法，他们会以为你自命不凡。

我不是自命不凡的人，从来都不是。

但是这也和早年间的采访有关。那时候你很年轻，没人告诉你要怎么做，而且又不擅长应付媒体，人们就会由此对你产生种种看法。

你有没有回想过，你 17 岁、18 岁时是怎样的？然后想想，如果你在 19 岁、20 岁的年纪，身处 NBA 这个联盟，那些记者每时每刻都在问你问题，你又会怎样？你有没有想过，如果你是一个安静的人，在这种情况下你会说什么？你会怎么做？

“永不妥协”的意思是“我以身作则”。这基本上是我对待生活中一切事物的态度。看我的——不要等着我告诉你，我从来不会说什么。这也是我从不谈论篮球、从不喷垃圾话的一个原因。别人说了什么从来不会困扰我。不过，我还是会对此有反应：“好啊，我们现在就这处境吗？看好了，下一球我会打进的，到时候再看你们还会不会这么看待我。”你能感觉到这种情绪，我上场时完全变了一个人。芝加哥人是怎么说来着？他们称之为“绝不”，意思就是说你绝不退缩。我不需要在场上口出狂言，我可以展现给他们看。

我在成长过程中亦是如此。那是我一直以来对自己的要求。你永远无法确知什么促使你成了现在的样子。但是我认为，我之所以喜欢做个安静的人，一个原因是我所成长的地方，以及我所目睹的事。

我在芝加哥南部长大。毒品在这个地区是个大问题。新闻里天天都在报道，现任总统也调侃过，我敢肯定你们都听说过这件事。芝加哥南部是家园，是许多好人的家园，他们关心这里，并且正在努力让生活变得更加美好。人们的种种看法对这里的人不公平。他们像其他地方的人一样努力生存，只是他们没有得到与其他地方的人同等的机会。走出这里后，你会看到你小时候不甚理解的种族主义。可是这里的人和其他地方的人没有什么不同，人们拥有同样的愿景。

但是，由于暴力的冤冤相报，在芝加哥南部长大是一件危险的事。我经历过朋友离世，听到过枪击声，我还曾在家中看到有带着棍棒的人开车过来，准备打架，吓得我赶紧跑上楼。我认为我之所以是个安静的人，一个原因是，以毒品交易为例，那些聒噪的人最后都命丧黄泉。所有招摇过市、博人眼球的人，似乎都会有厄运降临到他们头上。我从来都不想成为那样的人。我住的这个地区人太多了，他们说的鬼话也太多了，我说这话很认真，我明白那种人一直是最蠢的。

小时候，目睹那些聒噪的人丧命的事，我暗自想：如果我能摆脱这种处境，如果我能掌控我的命运，我永远不会那样招摇过市，因为这太引人注目了。也许我可以做个沉默的人，一副呆头呆脑的样子，这样就没有人会了解我。然后某一天我可能会突然告诉你一个有趣的事实，你会因此大吃一惊。我希望给人留下的印象是，你不知道我都知道些什么。

同理，我会想：如果你不尊重我，我为什么还要把自己的另一面展现给你呢？我感觉足够温暖的时候，才会以真实的那一面示人。这是一种尊重，反之亦然。

毫无疑问，通过篮球，我获得了许多关注。但是，赞誉是我最不在意的。我早就意识到，它会使我偏离正轨。“永不妥协”表明了我的态度——无论我是怎样的人，我都决心达成我的目标。

谈到篮球，总有人告诉我，我很有天赋。这是实话。我有非同凡响的速度，可以在场上尽情驰骋，不得分也能掌控比赛。我从来没和我的任何哥哥单挑过，因为我小时候他们就知道，尽管他们的年龄比我大得多，但是我打球比他们强。有人说我像贾森·基德，但是贾森·基德的运动能力没那么强，因此他不得不精通技巧和技能。他的块头大，懂得如何投篮，并且有出色的球场视野，懂得利用他所具备的条件。而我，我感觉我有另一面，这一面不仅仅纯粹是天赋。

速度确实杀伤力十足，没错！其他的你都可以否认，但毋庸置疑的是，我具备破包夹的速度。我会在一个回合中无数次冲击包夹，如此连续几个回合，考验你的忍耐力，考验你队中的大个子。我会在心里较劲：你能把我围堵到那个角落几次？

凯文·加内特的防守是最好的，他让我真正思考比赛。我很高兴我是在那时进入联盟的，因为现在的联盟和那时完全不是一回事。但是我曾体验过联盟以前的那种强硬的球风，对此我感到幸运。

在 AAU（业余体育联合会）联赛，我打的位置和我在高中时不同，哥哥雷吉希望我有所属的 AAU 球队就是这个原因。这件事造就了过去场上的我，使我改头换面。高中时，我打的位置是小前锋，我没有球权，也不是队中的主要得分手。直到我去打 AAU 联赛，我才开始得分。在 AAU 联赛，我第一次穿上 1 号球衣，这使我脱胎换骨。由此我得以依照自己的意愿打球，并拯救我的球队。

我参加了耐克主办的大型锦标赛 Peach Jam（青年精英篮球联赛）。有的球队有姚明、托尼·帕克，云集了众多出色的球员。我认为这一经历对公牛时期的我有一定帮助。在公牛，我的队友都是一些平庸的球员。我说的平庸是指得分能力平庸的球员，他们都不错，但是得分还得靠我。我知道我不能让比分被拉开太多。

比赛从我进入联盟起就已经改变了。现在，投篮意味着一切，球员必须有投射能力。但是我一直觉得，我能够适应这种改变，就像我在高中担任三号位；在 AAU 联赛中担任控卫；到了 NBA，我要在球队需要时得分。我认为，你们在我森林狼时期应该已经看到我的适应能力。我在汤姆·锡伯杜执教下打球，面对吉米·巴特勒在队中造成的压力，以及他被交易到 76 人之后的压力，你们看到我的三分投射出现了怎样的提升。人们忘了，在我遭遇膝盖前交叉韧带撕裂的伤病之前，我的三分投射就在不断进步，只不过之后我被伤病恢复耽搁了。

在我加盟森林狼后的那个夏天，我练习了成千上万次投篮，因此投篮时我没有刻意去想。这就和速度一样——你不会刻意去想，只是展现给人们看。既然我在场上打比赛，那就投吧。有人说我的投篮弧度不对，但是科比·布莱恩特的投篮弧度就对吗？我以前甚至打过三号位，后来才打得分后卫、控球后卫，这种批评一直都有，但是我喜欢。记住，我已经 30 岁、31 岁了，不再是以前那个孩子。

毫无疑问，我有过怀疑。但是我感觉我已经表明我是一个意志坚强的人，即便我经历了尼克斯时期和骑士时期那样的事，我依旧如此。虽然我为这两个时期的事付出代价，那都是我人生经历的一部分，每当我站在球场上，我一直在创造历史，人们能够产生共鸣，因为每个人都有自己的奋斗。

批评我的人可能会说我曾告别过球场，但是我从未放弃。我始终热爱篮球比赛，也爱我的儿子和女儿。我的孩子们起到了巨大作用，给予我熬过四五次手术的动力。他们使我明白我的职业生涯的意义，并认清过去、现在以及未来的状况。

再次拿到一份顶薪，还是入选全明星，抑或当选最佳第六人？我乐见其成。我始终觉得，一切皆有可能。让我的赛场表现为自己说话；让我在队中以老将的身份帮助那些年轻的队友成长和成熟。

他们总在谈论我的跳投，我做到了哪些、没做到哪些。我总是说，我是一名篮球手，我感觉篮球手什么都做得到，没什么大不了的。比如马库斯·斯马特就是个篮球手。从数据上看，你会说你根本不可能要他。但是你去现场看他比赛时，你会说："我当然希望我的球队里有他。"他能命中关键球，这就够了，这是我喜爱的队友。我说我是个篮球手就是这个意思：即便我投丢 24 次出手，也没关系，我依然觉得制胜的第 25 次出手会命中的，我感觉我会适时打出正确的表现。

我不担心伤病，很久没有担心了。我来到森林狼时，曾有人问我关于在季后赛中扣篮的事。我很久没有扣篮了，这只不过是因为我固执。我一直听到人们提及扣篮："扣篮吧，扣篮，扣篮啊，扣啊。"对此我的反应是：什么？我知道我远不止于一个扣将。我心想：你觉得扣篮就是篮球的全部？真的吗？

认知存在层次之分，且球迷和媒体的认知就不一样。他们通常不看完整场比赛，而是从 Snapchat（色拉布）上获取一些片段。他们眼中的比赛就是这些片段。这没什么。可是，他们会据此对整场比赛下结论。

我的球风很华丽，这是件滑稽的事。我曾听人说这是一种矛盾，华丽的球风不符合我的性格。我与我的朋友和家人相处时很随和，但在篮球场上，我却有令人啧啧称奇的表现。我的比赛风格就是这样，但同时这也是芝加哥的风骨——让他们看看你的本事。“好啊，我会展现给你们看的。”

这听上去可能有些特立独行，但我确实相信，我最大的天赋就是聆听他人的话语。我比较循规蹈矩，一般不太喜欢招惹事端。你经常会发现，一个房间里最聒噪的人通常都是最愚蠢、最讨人嫌的。做个内向的人并没有什么错，我直到长大了才意识到这一点。我过去常常待在一些社交场所，并心生倦意。或者，我会离开，心想：这是一种锻炼，还是什么？

直到我二十五六岁，我才明白我是个内向的人。正是那时我才意识到，我需要时间休整一下。这就是为什么我和我的家人待在一起时，总会出现这样的情况：我的家人会说“哦,小熊（罗斯的昵称）在哪里？他大概在楼上吧”。我就是这么休整的，你明白我的意思吗？让我自己休息、放松。

别会错意，我可以与任何人对话。但是在那之后，我的感觉是：该死，我累坏了。比如，我去中国出席阿迪达斯活动时就是这样。过去我上高中时也常常有这种感觉，这令我不堪重负。而你是在接受采访，做一些宣传营销时表现出的样子，所以有时候，人们会以为你是个傲慢的人，或者说你是个愚钝的人，再不就是满不在乎的人。但这就是我的为人，我做我该做的事，用我的比赛表现为自己说话。有时候，人们可能觉得我不太友好，或者说不太开朗，但我控制不了。我就是这样的人，我习惯这样了。

这也是我过去常常担忧的一件事。“该死的，我得更开朗一些。”

我曾经为此把自己折腾得精疲力竭，去参加派对、活动之类的，我只不过在现场逗留一小会儿，试图待上 30—45 分钟，到处转转，但在我离开之后，我感觉我像打了一场加时赛。人们以为，你是成功人士，拥有金钱和名气，你就无所不能。他们会想：你有什么问题？我们不配让你认真对待吗？我从来没有这样想过。

这种性格来源于妈妈，来源于我对她的观察，以及我与她相处的经历。我是她最小的孩子——那个好孩子，那个安静的孩子。我不想给妈妈惹祸。妈妈布伦达在她 34 岁时生下我，她对我来说意味着一切。这也是我为什么总说，任何事情的发生都是有原因的。我记得小时候，我的朋友会和他们的妈妈一起外出，他们的妈妈更年轻，穿着包臀的衣服。我的妈妈的穿衣风格总是更成熟，也不出门。

我会问："妈妈，你的短大衣在哪里？"我还会说："打扮一下吧。"但是她适合我，而且我看过她做的种种事情，她为我付出了很多。所以我在想：啊，如果我能做到这样，仅仅是做到她为这个家所做贡献的一小部分，我就不错了，因为她为她的家庭、为我和我的哥哥们牺牲了一切。她激励了我，为我树立了榜样。她付出很多，她要负担家中的一切开销，所以一直在打工。

我会把我自己与我的朋友和家人稍稍割裂开一些，但并不是说我完全抽身了。我要向他们表明，我可以自己处理一切事情。这是我从妈妈身上学到的——完全自立，不需要任何人。我一直希望成为像她那样的人。她对两任丈夫的态度都像在说："去你们的吧，我不需要你们，我可以带着我的 4 个儿子自己生活，我可以照顾好他们每一个人。"

“永不妥协”当然是芝加哥篮球的精神。我从未真正了解芝加哥篮球的事。过去我常常听人把我与那些年代更早的球员相比较，不是迈克尔·乔丹，而是那些你小时候听说过的名字，比如杰米·布兰登。在芝加哥，如果你是一名篮球手，这种事在你成长过程中时有发生。人们会说：“孩子，你打球像杰米·布兰登。”

我像“谁”？他们说布兰登为芝加哥肯尼迪国王学院打过球。就这样，他们立马对我寄予了厚望。高中的每场比赛，我都处于极大的压力下打球。现在他们在小学就这么做了。但是，如果在很多孩子退出的情况下你顶住了压力，这种压力会使你成为一名坚韧的球员。

我进入NBA后经历了种种伤病，这种经历对我意义重大。不仅仅是伤病及其恢复的问题，伤病来袭，情况变了，人们的态度也变了。人们对我很苛刻，有时他们会关注一些最微不足道的细枝末节。他们可能会说“我不喜欢他在这次采访中的表现”；或者说“我不喜欢他在这件事上的言论”；以及“哦，对了，顺便一提，不管怎么说，他不是受伤了吗，对吧”。你懂我的意思吗？

最终，我不再努力抗争。我知道你们为什么会如此恼火。一个好球员得上场打球。如果我去看道奇队的比赛，克莱顿·克萧不出场，我也会恼火的。我会想：我干吗要来看这场比赛？这种想法我能理解。但是我无法掌控的事实是，无论发生什么，发生的事就是发生了，而且事情的发生是有理由的。

现在，我成了更开明的人。我感觉我利用缺阵的时间完善了自我，正是这一点让我对一切都感觉良好。所以即便我现在为联盟效力，做着我正在做的事，那都是我的历史，是我在创造历史。我不会是最后一名受伤的球员，也不会是最后一名遭遇我那种程度伤病的球星。但是我能做的是为你指明一条道路，为下一个人树立榜样，无论以后这样的人是谁。我可以向后一个人表明：你不必停滞或倒退，未来还有更多可能，这就是我的立场。

关于“永不妥协”的精神，我的一个经历是，我进入联盟后的表现就像在说：“既然我在这个联盟，就有能力与你们所有人同场竞技。”我在公牛打职业生涯第一轮季后赛系列赛，对手是凯尔特人，我就是这种心态。那时球队的阵容是全新的，队内有点经验的球员比较年轻，主教练文尼·德尔内格罗刚刚上任。我们的得分手是本·戈登，在我们选中约翰·萨尔蒙斯这个不错的球员之后，球队终于有了起色。公牛那几年的阵容里一直有一些好球员，尤其是乔金·诺阿、鲁尔·邓以及柯克·辛里奇。

我更多地担当控卫的职责，由本和萨尔蒙斯来得分。我们打进季后赛，将对阵上届冠军凯尔特人。凯文·加内特因伤缺阵，但是凯尔特人阵中还有雷·阿伦、保罗·皮尔斯、拉让·朗多这些名人堂级别的球员。

我们在 2008 年季后赛对阵凯尔特人时拿下第一场比赛，我得到 36 分，公牛通过加时赢得比赛，夺得主场优势。之后这轮系列赛打了七场。这对我来说确实是一个开始。那是一个疯狂的系列赛，那些加时赛以及所有人的关键发挥，都给人带来巨大的乐趣。也正是在那时，我发现我不仅可以与联盟的所有人同场竞技，我还对位了一些名人堂级别的球员。感觉就像在打 AAU 联赛，整支球队都在与我同进退。那时候，我处在聚光灯下，心想：在这个联盟，我有能力在这个水准上打球。我相信我可以，但是我得展现这一点。我不仅仅在与这些伟大的球员对位，而且还在考验他们，让他们流汗，让他们发生争执，让他们怀着心事回到板凳席：那个家伙是谁？

对于我希望达成的成就，我的思路非常清晰。一举荣膺常规赛 MVP（最有价值球员），接下来是夺得总冠军。似乎每一年我们都会输给勒布朗 · 詹姆斯，但是球队逐渐有了崛起的迹象，然后伤病接二连三地出现，希望消逝了。

那时候，我心想：该死的，接下来怎么办？当时的处境是艰难的，但我总得向前看，从小事做起，一点一滴地进步。之后，我是这样不断前进的：我打定一个主意，努力让某一目标推动我前行。首先是复出，然后在复出的比赛中，努力不投丢任何一次罚球。因为我每场比赛的出手次数从 25 次、27 次，跌落至 15 次，再到 9 次，之后我被从激活名单中排除，所以我心想：好吧，现在关注罚球，这场比赛中我绝不会投丢任何罚球。然后是：好吧，现在关注防守。我从小事做起，努力找回自己的比赛状态。我当时是这么做的，在比赛中再为自己设置一场比赛、一个挑战，来看看我能做什么，我能有怎样的进步，能够怎样帮助球队。

这教会我带着目的去打球，每一次运球都带着目的，这一点实际上我是跟科比 · 布莱恩特学的。通过观察他的所作所为，听他所说的话，我从他身上学到很多，所以我在谈论篮球比赛时多次提到他。他牵扯防守的方式很特别，他的运球不会白费。

约翰·卡利帕里对我来说亦是如此。在我进入孟菲斯大学之前，我总是持球运上很长时间。我记得有一次训练中，卡利帕里教练一直在吹哨子。实际上，他的目的是让我停止训练。他提醒我："别运太多次球。"我的哥哥都打球，所以家里总有一个篮球，于是我就把球捡起来运球。想想凯里·欧文，他很擅长运球。而我，也许一时用交叉步快速过掉你，但是我的目的是到达我的出手点，运球过人只是我为了到达出手点尝试的手段。欧文则会把你晃倒在地，到达他的出手点。

卡利帕里教练问我，我用一个动作就能过掉对手，为什么还要把球不断回来运，让对手难堪吗？我过去经常这样做，我必须克服这个毛病。你运球太多纯粹是为了让对手难堪。在芝加哥、纽约这种城市打球，人就会产生这种想法。你能感觉到这是个好动作。就像一个作家写了一段话或一页纸，或者随便一个什么目标，他会想：该死的，这个想法好，这段写得好。有时候你会过犹不及。有好几次，我搞得自己停球了。我进入联盟，跟科比·布莱恩特交流之后，这一问题有所改善。实际上我高中时，有一次他和我们聊过，不过只是闲聊。大概是他正在考虑加盟公牛，他来过希米恩高中。我记得他说，他的每一次运球过人都是为了牵扯防守，为了展现给你。

我始终有那种心态，"我将展现给你"，即便跟朋友在一起时也是如此。我打算去训练馆时不会告诉他们，我希望他们发现时说："哦，我看到他在做什么了，他一直在训练馆。”但是伤病来袭之后，情况变得截然相反，我疏远了其他人。当时我试图弄清楚，我究竟是个怎样的人，而我当时只有二十三四岁。你明白，我要尽力承担起我的一切责任，去了解业务、了解如何做一名父亲。我要弄清楚我在这个世界上的身份。

那是一段古怪的时期。但是后来，我的想法变成：如果我再得到一次机会，我知道事情会发展成什么样。我会恢复到全明星的水准，签下一份不错的合同，可能还会是一份顶薪合同。当时我心里一点都不怀疑。这也是我回到联盟，与骑士签下一份年薪大概 200 万美元合同的原因之一。每一天我都把赌注下在我自己身上。我一直都是这么做的，这对我来说不算什么。坦白来讲，我仍然觉得我的天赋没变。至于说人们不这样认为，这种看法并不会困扰我。

我觉得，有的人只想聊我以前的合同，聊我在受伤时拿了多少美元的工资。我想：啊，我不想听这个。查尔斯 · 巴克利那些人在 TNT(特纳电视网）节目中说的基本就是这些，他们说我完蛋了。

“请别在这档节目中聊他的事了，”查尔斯 · 巴克利如是说，“他完蛋了。”

事情就是这样。即便那些称自己不喜欢我的人，如果我与他们碰面了，要搭乘同一部电梯，他们依然会认出我，说“嗨，德里克 · 罗斯”，还会索要签名。那些讨厌我的人，看到我什么也不说。但他们碰到他们最好的朋友时，他们会说：“嘿，猜猜我今天看见谁了？那个混账德里克 · 罗斯。他正在乘电梯。”你明白我的意思吗？你会诋毁我，但你同时也会意识到我在那里。

拜托，我理解这些情绪。这些都是 NBA 比赛所带来影响的一部分，我不能被一些我努力避开的东西压倒。我从来不想成为那种类型的人。这是我想传达给他人、孩子以及所有人的信息：你得成为你注定要成为的人。到此为止。

我想这就是我的故事之魅力所在。人们偶然看到我的故事，他们会一层层地剥开它的面纱，并接收它本来的样子。我只想让他们看到两件事：我能付出我的所有；我是一个朋友。

我不担心篮球，即使我经历了所有事情——赢得了初中、高中、大学的决赛，以及 MVP。正当看起来我们即将取得突破时，我遭遇膝关节前交叉韧带撕裂，更多的伤病，离开，复出，从底层一步步登上巅峰，又从巅峰跌落至谷底，然后卷土重来。大多数时候，我担心的是我要怎么生活，我的家人要如何做某些事，我要怎样融入社会，以及世界上发生了些什么，我关心的是这些。他们以为我依然只关心篮球，但是，在我能够稳定地打比赛时，你们认为会发生什么？

我将展现给你。

这就是为什么我想讲述我的故事，因为我感觉它的意义超过了我自身。

2

致命打击：膝关节前交叉韧带撕裂

我确认为我会成为最伟大的球员。这确实是我的问题。我感觉我对比赛非常热衷，我确切地知道当下的情况、我的水准，以及我想达成的目标——夺冠，更多的 MVP，总决赛 MVP，得到你能想到的一个运动员能得到的所有荣誉。我知道我要通过努力达成这些目标，但这对我来说从来不在话下，我可以在训练馆待两三个小时，完成一个又一个训练。我要做的全部就是这些？这居然算是一份工作？还能拿那么多钱？太轻松了。

在此基础上，你还能收获荣誉，这会使你更加信心十足。我想着我会成为最伟大的小个子球员，因为全联盟的球员一直都无法应付我的速度，一直解决不了这个问题。他们阻挡不了我，承受不了这种速度的冲击，即便是在当下。我不再做我年轻时做的一些纵情的、毫无收束的动作了，但是我的速度还在。你尽可以使出浑身解数，但是我可以用速度考验你，去发动进攻。“好啊，你能防住我几回？”没问题，就是这样。

直到那些伤病的出现。

是我的错，是我导致了那些伤病，膝关节前交叉韧带撕裂、膝内侧副韧带撕裂等，但是我不后悔。我知道你会觉得我这么说一定是疯了，可那真的是发生在我身上最好的事。就像我在骑士缺席的那个赛季，在我归队之前，他们让我去见一个心理咨询师，我知道，他们认为我的心理出了毛病。

这就是我的真实经历。一部分要归咎于我，因为我话不太多。如果你是个安静的人，很多人就会觉得你木讷，或者觉得你有毛病。但是我说过，我清楚内向并没有什么错。

当然，在我受伤那天，在我膝关节前交叉韧带撕裂的那天，我不是这样想的。那时，我对很多事情的想法都不对。只不过我的一切伤病最终给了我时间，去享受我为之努力的一切。是的，尽管事情并不总是一帆风顺，但这是真心话。

那时对我来说一切都很顺利。几乎每个夏天，我都做得太过了。别会错意，我享受这段时光。但是在我比现在小好几岁的时候，情况是这样的：“我们明天要打球？好的，我今晚不去吃饭了。”对于和我对位的那个人，我会想：“要去看那场 JAY-Z 演唱会的就是他？好啊，如果他去了，第二天我就会打爆他。”这就是我的思维，我总是一心扑在篮球比赛上。

我待在家里，到了晚上就睡觉，不外出玩耍。那些寻常的事，比如在街上闲逛、去吃晚饭、在比赛前一天看演唱会，我认为很多都是不对的，因为我在追求卓越，我觉得那些事是我不该做的。除了打球，我什么都不做，甚至包括出去吃饭。我的想法是 ：“你还没有取得任何成就呢，你不配出去吃饭。”

我一直这样看待生活。我在度假方面一再拖延，因为我希望有朝一日我能夺冠，然后我就可以回过头来做这些事。我的整体情况和思维就是不断鞭策自己努力达成目标。我心想 ：“卓越的球员是不会做这种事的。他们是不会这样出去浪费时间的，只会全心全意专注于篮球。”

我本该多出去走走，本该多出去吃饭，本该去吃早午餐，本该多去看演唱会。当然，有时候我也会出去吃饭，但是大部分时间我都待在家里，因为我感觉，我这样一心扑在篮球上，就比别人更有优势，别人没有这样做，而我这样做了。我的想法很简单 ：“获得那种优势！”

随着年岁渐长，现在再看这件事，谁在意荣誉呢？说真的，一切尘埃落定的时候，荣誉是什么？你明白我的意思吗？你知道 12 年前 MVP 是谁吗？谁关心这个？

但那时我知道我有这个能力，这是我应该做的事情。比赛对我来说太过容易，我甚至用不着得多少分就能赢球。我能够掌控比赛，然后……哇哦！

在我膝关节前交叉韧带撕裂之前，每个人都认为 2011/2012 赛季将是公牛打出名堂的一个赛季。前一年，我们在分区决赛中输给迈阿密热火。虽然被绅士横扫，但我们在常规赛季横扫了他们，并在季后赛赢下在主场进行的首场比赛。那轮系列赛有两场比赛打得很激烈，第四场比赛我们经过加时赛憾负，之后在系列赛最后一场比赛以小比分落败。我们与对手的实力差距看上去比 4 比 1 的系列赛大比分所表现出的要接近得多。我们似乎差不多准备好争冠了，你懂的，失败是成功之母。人们在谈到芝加哥公牛与底特律活塞的对垒时总是这么说。公牛的球员们必须承受他们所经历的挫折，然后才能迎来自己的时代，2011 年我们就是这么想的。

我们一直觉得自己会夺冠，并对此坚信不疑。有锡伯杜的执教，我一直觉得我们有机会夺冠。即便是在 2010 年季后赛，我们以大比分 1 比 3 落后于迈阿密热火，我也觉得我们将会实现逆转。那一年，欧米尔 · 阿西克在系列赛第三场比赛中受伤了，要是他没有受伤，我感觉系列赛的走势可能会因此改变，因为我们阵容中球员的体形比对手的大得多。我们有自信，但是系列赛中，每场比赛我们都有好几次没有打出执行力。热火的球风富有侵略性，我们有些失误是致命的。说真的，那次折戟之后，我们感觉当时有些事是我们可以处理好的。

他们在第一节包夹我，试图在比赛初期就消耗我的体力，让我精疲力竭。迈阿密热火的策略不错，但是全队所有球员以及锡伯杜的想法只有一个：我们不想束手就擒。我们乐意他们使用这种策略，我们有乔金 · 诺阿、欧米尔 · 阿西克、卡洛斯 · 布泽尔和科特 · 托马斯这些大个子。我们不在乎对手是谁——我们绝对不会束手就擒，想赢我们没那么容易，比赛会很磨人，至少让你们脱层皮。每一次有人突入禁区，我们都会予以身体对抗，确保堵死勒布朗 · 詹姆斯的传球路线，然后合围，他每次出手基本都会有两个人扑过去干扰，我们在诸如此类的细节上全力以赴。我们不会逃避挑战，放马过来吧！

他们让勒布朗·詹姆斯防守我。作为一个芝加哥人，我要的就是这样。我一直希望整场比赛都是他防守我，这样我就可以消耗他的体力，那时我不打算传球。但是我认为他们明白这点，因此他们只会在第四节让他防守我。很多事情我们都做到了，我们迎接了他们抛出的一切挑战。但他们确实是卓越的球员，表现也很出色。比赛中的有些时候，我们觉得我们比他们更强，但是我们总会出一些小错误，比如失误、进攻篮板、二次进攻得分，也许是我们还没有做好争冠准备的缘故，这一点是最不利的。但是同时，我们相信我们的时代终会到来。公牛战胜活塞经历了这个过程，活塞战胜凯尔特人也经历了这个过程，很多球队都必须先经历失利，经受那种刻骨铭心之痛，才会夺冠。

最艰难的一场失利是 2011 年季后赛东部分区决赛的第五场比赛。比赛时间还剩大约 3 分钟，我们大比分领先，好像是 10 分还是 12 分。领先这么多，我们以为我们胜券在握。系列赛大比分将会变为 2 比 3，我们又有机会了。我们知道我们有能力在迈阿密客场击败他们，然后我们就可以回主场打抢七了。即便当时我们大比分 1 比 3 落后，我们离胜利还是很近。然而，他们有几个回合冲抢很棒，并且保持了一贯的风格，最终，他们啃下这场硬仗，赢得系列赛的胜利。

那支啃下一场硬仗的球队本该是我们，这一点令人尤其难受。我记得比赛结束时我想：我得回到训练馆。我记得我休息了一周，然后就恢复训练了。系列赛以这样的方式结束，这令我如鲠在喉。

锡伯杜执教下每一场对热火的比赛，其强度和竞争激烈程度都像总决赛。比赛很棒。有几次他们整场比赛都在包夹我，从第一节到第四节。他们没让勒布朗来包夹，那会正中我下怀，这就像下国际象棋，在季后赛，谁做出正确的调整，谁就会赢球，而他们做出了正确的调整。他们尽力在比赛初期消耗我，这种策略确实奏效了。因为想得太多，我出现不少失误。但是我明白，哪怕仅仅是咬住比分，我也必须站出来得分，所以我确实在超负荷运转。他们试图使我精疲力竭，这样我就没体力在进攻端有所发挥了，这办法很聪明。

这时，我和本杰明 · 罗伊 · 阿姆斯特朗开始讨论如何应对这样的比赛。他担任我的经纪人多年，曾在 NBA 夺过冠。我们探讨对手在比赛初期大比分领先这一情况是否可以接受，因为我仍然能影响比赛的结果。我清楚我在比分胶着时能做到什么。所以，思考过程是：好吧，我们落后 14 分、16 分，比赛会很难打，但我得努力把分差缩小到 8 分。你懂的，我指的是气势——联盟中每支球队都会打出一波小高潮。这时，对手就会感受到压力，并紧张起来。热火就是这样对付我们的。

我们积累了经验，这就是我在下一个赛季对这件事的看法。别误会，我所有队友都是很棒的球员，但我的队友中没有球星，没有克莱 · 汤普森这样的球员。我从未特别介意这件事。既然你与我同队，我们就得一起打球，但是谁不想与另一名出色的得分手同队呢？本来我是不会介意有一位克莱 · 汤普森这样的队友的，回想起来，我敢肯定公牛也不会介意，只是这没能实现。他们将来就明白了。

乔金 · 诺阿不是那种类型，他更像一名有韧性的球员。鲁尔 · 邓、布泽尔，他们都很棒，但他们没有能力在进攻端接管比赛。在锡伯杜麾下，每一年我想到的第一件事就是我们有机会夺冠，或者至少有机会打进总决赛。我这么觉得是因为，在锡伯杜手下，我们有责任感，有期待。在球队架构中，从老将到新秀再到教练，每个人都投入球队。你知道锡伯杜的性子，因为他对球队全情投入，所以每个人都很投入，管理层也是。我们只不过还欠点火候，不过一切会水到渠成的，我们不可能达不到目标。

我真的不觉得我因为 2011 年赛季夏季停摆而退步。有人回顾那个停摆期说，我膝关节前交叉韧带撕裂是因为我没有正规的训练，实际并非如此。我仍然依照我的惯例，在加州大学洛杉矶分校训练。我还会去史蒂夫 · 杰克逊的别墅训练。他是一家球鞋公司的总裁，拥有一座复制的斯台普斯中心球馆。我从不打野球，这是我从科比 · 布莱恩特身上学到的。我会观察很多球员，但我总能从科比 · 布莱恩特身上学到很多。我跟他没多少交集，真的。有一次和他一起拍一个球鞋广告，他让我等了三四个小时，不过那次经历挺酷的。

没看过科比 · 布莱恩特的训练视频，我觉得这一点太遗憾了。他在联盟征战了 20 年，像他这样的伟大球员，他身边的人都会看他打球，人们清楚他是个卓越的球员，或者清楚他会成为卓越的球员。但是他太神秘、太低调了，他甚至不让自己的训练视频流出。我喜欢这一点，因为他的意思差不多就是："我会把我的训练成果展现给你们。"

所以在比赛中，他开始投三分时，你会大吃一惊："我的天，他的手感哪来的？"我每年也是如此，我坐在那里告诉你："我不会向你吹嘘什么，这不是我的风格，我想让你看我的赛场表现。”

“噢，该死，他改变了比赛！”

打野球时，对手会获知你的倾向。只需要跟你在没有教练的野球场打上几次，我基本就能把握你的倾向，比如你的运球方式等。有人称之为分析学，在我看来，这就是我们在与你交手过程中所发现的你的倾向。我是个右撇子，人们知道我突破时习惯用左手。有时候防守我的突破依然很难，因为我不给他们预判的机会。

2011 年，我们常规赛战绩联盟第一，拥有季后赛全部的主场优势，2012 年亦是如此。所以，到我们冲击冠军的时候了，因为我们积累了经验。那个赛季我受过几次伤，不过都不严重。我缺席了常规赛最后一场对骑士的比赛，又是一个缩水赛季，但即便如此，我依然觉得我准备好了，我们都准备好了。

从我来到公牛第一天起，我的梦想就是为芝加哥赢得总冠军。我还记得芝加哥黑鹰赢得 NHL（国家冰球联盟）冠军时，我被他们鼓舞了。我梦想着把冠军奖杯带回家乡，心想：天哪，他们已经夺得两个冠军了？帕特里克·凯恩他们夺冠了，我也得拿个冠军才行。看到他们的夺冠游行和庆典，我深受激励。我希望我也能为芝加哥获此殊荣。这赛季将是我们夺冠的时机。距离公牛上一次夺冠已过去近 15 年，我们是时候该夺冠了。我感觉我做好了准备。我很年轻，对任何事都不会有太多想法。我的状态很不错，刚刚对阵 76 人时我做动作并无顾忌。

第一对阵第八，我感觉我们很快就能挺进次轮。常规赛初他们赢过我们一次，但后两次我们击败了他们。季后赛第一场比赛，我们领先 20 分，我感觉不错。他们说我得了 23 分，而且是准三双，但我不记得了。只要我们赢了，我从来不记我得了多少分，因为那样你就不能对我说什么了。随便你做了什么，得了多少分，扣篮也好，即便你隔扣了我——我赢了。微笑着走回家。我就是这么喷垃圾话的。

我只记得，在我把球传出去时，我倒下了。我记得我的膝关节前交叉韧带没有完全撕裂。我躺在 76 人的板凳席边，膝盖没有感觉。当我把手臂拉伸过头顶时，它发出一声脆响——韧带断了。我的整条腿开始颤抖，我一点感觉都没有。我能够走路，于是我站起来走动。所以一开始我感到困惑，因为我心想：我知道大事不妙了，但天哪，我居然还能走。

但他们说："膝关节前交叉韧带撕裂之后，人确实有可能还能走。"膝关节前交叉韧带撕裂了还能走？根本不可能的！

"膝关节前交叉韧带撕裂。"如果你是球员，你肯定不愿听到这个词。你经常听到别人说这是最坏的情况。联盟里人人都说："谁都不想受膝关节前交叉韧带撕裂的伤。"半月板撕裂恢复容易一些，但如果是膝关节前交叉韧带撕裂，球员需要休战更久。

我记得进去时我一直在祈祷不是膝关节前交叉韧带撕裂。"千万不是膝盖伤。"每个人都在医院里，他们把我放上核磁共振仪，我只记得我在里面哭着祈祷说没什么大问题。我出来时，布赖恩 · 科尔医生和其他人都尽力压抑着情绪，但他们最终还是告诉了我。我的人生就在那一刻改变了。

我记得妈妈站在那里，她告诉我 ：“没事，会好的。”

我哭得歇斯底里，难以接受现实。我说 ：“我不再拥有我的速度了。”

她问我 ：“你需要它是为了什么？ ”

这就是她想跟我说的话，但我不想听。我在想 ：让我了解一下情况，然后我才能跟你说话，但现在我太痛苦了。我觉得我的整个生活、整个赛季、整个职业生涯都陷入了停滞。我心想 ：好吧，你打算怎么办？我必须问自己这个问题，因为我可以考虑告别运动生涯。我攒的钱远远超过了我所需要的，我可以选择告别运动生涯，这完全没什么问题。

但是妈妈说 ：“你在哭，我不想听这些，你自己想明白吧。”

我认清了现实。早年间，我梦想的一切都以某种形式实现了。尽管过程并非一帆风顺，但最终还是实现了。即便在择校问题上，我以为我会选择北卡罗来纳州立大学，最终我去了孟菲斯大学，但我还是打出了名堂。所以受伤时我心想 ：一切都必须从头再来。这就是我那时的想法。我不认为我可以利用这段时间磨砺自己或提升自己，而是要振作起来。我不是那样想的，我只想打篮球。我认为这就是伤病使我改变的地方，因为我开始那样想时，我会孤立自己，我会认为我可以自己做任何事情。

我知道有些人会说，我本不该在对 76 人的比赛末段还继续留在场上，说我们领先很多了，我那样做太消耗身体。嘿，无所顾忌地做出那些动作的人是我。是我从中路过掉防守球员，跳步把球传到底角的。我跳步没有意义，我原本可以直接把球传过去，或者运球折回来撕裂防线，然后到底角去。我太莽撞了。

我曾听人说，锡伯杜让我打了太长时间。这不能怪锡伯杜，这件事不是他控制的，他也没有让我这么做。是我决定继续留在场上。天有不测风云，这就是我对这件事的看法。

一切都取决于你如何走出阴影,从中吸取教训。我从中积累了经验，我认为现在我成了一名更好的球员,真的。那时我不知道如何掌控比赛。我感觉我现在知道如何掌控了，和队友的配合也更默契了。我现在是个完全不同的球员、完全不同的人。离开骑士，加盟森林狼，我一直想得到的就是机会。

我从未与锡伯杜聊过那次伤病。我怎么能把这件事怪罪于他呢？跳步的人是我，做那些动作的人也是我，我本不需要那么做。我说自己鲁莽就是这个意思。我到底为什么要做那个动作？比赛接近尾声，球队又领先，我为什么要那么做？我想说的是，我做的都是些疯狂又不必要的破事，不计后果，胡乱地搞这搞那，后果你看到了。

一开始，我一直责备自己。但我思考了一段期间，终于意识到我陷入这般境地的原因，明白了奋斗者的文化以及我作为其象征的重要性。每个人都有自己的困境，每个人都在奋斗，生活难免不尽如人意。关键在于人如何应对、如何走出困境，我感觉这就是我能引起人们共鸣的原因。我当然应该奋斗。在受伤前，我的生活就像童话故事之类的东西。而伤病来袭时，我记得我的大脑不断运转着，思考着未来。我心想：该死的，我该怎么办，这是我进联盟的第三年，我要怎么从这种大伤中恢复？锡伯杜的心情与我的类似。除非他信任你，他才会让你知道他的想法。他向我表明了他对我的信任。我们关系密切，现在依旧如此。但是，伤病是一次改变，因为它让一切从童话故事变成了残酷的现实。

这就是我的报应。也许你会说那是我的宗教信仰,妈妈也信仰这个,这是她教给我的。她从不大喊大叫，她的原则是再苦再难也绝不放弃。她会讲一些她的经历，试图引起我的共鸣，让我从她的角度看待问题，听到她对某件事情的看法，这就是我会提到因果报应的原因。

妈妈 60 多岁了，她从未从事什么运动项目，但她的膝盖接受过两次关节置换修复手术。人们因为我的伤病嘲笑我，但我看到妈妈经历这些时，我心想：你们也会有这一天的。我就是这么觉得的：每个嘲笑我伤病的人，你们都会遇到你们自己的麻烦，只是时候未到。到那时，你们能正确应对麻烦吗？我知道上帝让我做好了解自己身体的准备，了解如何减轻体重、我的身体组成怎么样，这些我现在都知道了。我会问他们：你们为自己的未来做好准备了吗？

妈妈接受两次膝关节置换手术，仅仅是为了满足日常生活的需要。在某种程度上，我对此感同身受。她观看篮球比赛从来不是因为真的感兴趣，只是因为她的孩子们喜欢篮球。我们不太聊篮球和体育，因为她不了解这些领域，而我们在伤病方面存在一些共同点。我说我的腿受伤了，她就会跟我开个玩笑，我们会调侃我们的膝盖伤病。

我对于因果报应的看法是：你付出多少，就会得到多少。你付出多少能量，就会收获多少能量。妈妈和我谈过这一点，这是她始终坚持的信仰。如果她咒骂某些人，我感觉那是他们活该。但大多数时候，她都会努力避免这么做。我希望别人怎么待我，我就以这种方式对待别人，这是从妈妈身上学到的，她总是强调这一点。我经常做出奉献，因为妈妈经常这么做。我们乐于看到人们开心的样子，也许我们做的只是小事，但我们希望尽了自己的一份力，《圣经》也是这么说的。我相信能量，人会得到他们所付出的东西。

你瞧，我不是在俱乐部受伤的，也不是因为车祸、骑摩托车或玩滑雪板受伤的。我是在工作中受伤的！但我认为这让我成熟，也让我放慢了步调。那些伤病发生在我身上，是为了让我放慢步调，给我一点时间真正地享受生活。我感觉我在早年间没有以我本该有的方式享受生活。

我虽然没有一项从一而终的宗教信仰，但是我喜欢一些宗教的教义，实际上我的信念是，我相信更高的权利，相信善待他人的准则，相信《十诫》，相信因果，相信晨祷，相信精神生活。这些我都相信，我吸纳了几乎每一种宗教的部分思想。

其实，一切宗教都与耐心有关。它们都提到如何在特定的情形下保持耐心。生活中你会经历挫折，这时你准备如何应对，比如在膝关节前交叉韧带撕裂后如何应对芝加哥的媒体？他们对待我的方式令我感到愤怒，我的应对完全错了。我当时是战斗中高度戒备的状态，而非抱着只是玩玩的心情。我没有成长，在接受采访时我的回答是“不”，而没有详细解释。

我当时想：凭什么我该这么做？你们不配，我凭什么还要在回答问题时详细展开？我觉得我会展现给他们的，于是心想：凭什么我必须给你看我好的一面？这种反应是错误的，因为这意味着他们赢了。明白这一点才会成长，这也是我从这次伤病中学到的。我迷失了自我，这可能有点像勒布朗·詹姆斯在电视节目中向所有人宣布他将加盟热火时的心态，人受了媒体影响，但事后回忆起来就会意识到，他的所作所为不符合自己的性格。我感觉我那时的心态阻碍了我的成长。那种心态听上去很愚蠢，但这也是为什么这些经历对我有好处。它们真的拯救了我的人生，拯救了我的职业生涯。

我从来没有像现在这么开心过。

我从来没有想念过膝关节前交叉韧带撕裂之前的那个我。我知道现在的我不是那样，以后也不会那样了，这没什么。因为那时的我对真正的自我一无所知，如果我继续延续那条轨迹，我最终会成为像鲍比·费舍尔那样的人，把自己隔绝起来，也许会永远隔绝起来，因为我会沉迷于卓越之中。我喜欢听故事，或者检索一些人，读读他们的故事，故事都是关于人们逼迫自己到了什么程度，并且取得了怎样的成就。这种关于人们驱策自己的事能引起我的共鸣。比如李小龙，我读了大量关于他如何驱策自己超越极限的故事。

通过这些，我弄清了真正的自我。它让我明白我究竟是怎样的人，还让我更加好奇还有什么其他选择，从而尽可能地学习，进行自我教育。我喜欢读历史，没人意识到有些惊人的成就是黑人达成的。我喜欢了解这些事，了解黑人的发明、发现以及克服的困难。我一直对历史很感兴趣。当初我不知道用什么确切的词来形容，但我记得我说过他们“只是不断前进”。小时候，我不知道我想用的词是“坚持不懈”。他们不断前进，他们从未放弃。

这就像我在芝加哥成长过程中所坚持的信念。芝加哥也是我故事的一部分，这种坚持不懈是一个原因。芝加哥的孩子从小到大养成了绝不退缩的性格。如果你被打了，就回击，立刻回击，绝不让任何人再打你第二次。但我不是那种侵略性十足的人，那么做不符合我的性格。我很尊重他人，因为我希望他们也尊重我。我正在迷失自我，而伤病为我敲响了警钟。

我还领会到这只是一项运动、一场比赛，只是让你开心的事情。就像国际象棋的一个兵，我只不过碰巧很适合这个体系；而且，毫无疑问，即便你不这么想，你将来也会明白这只是暂时的。我感觉就算我不受伤，他们还是会那样对我。你看到他们现在对斯蒂芬·库里的态度吗？我是说，两年前，斯蒂芬就是一切，之后凯文·杜兰特加入球队。斯蒂芬蝉联 MVP 时，你以为他们要让他接过联盟的权杖了。但是发生了什么？伤病来袭。联盟就是个马戏团，接下来的是下一个更年轻的表演。

坚持不懈。正是这一点造就了科比，这也是我如此仰慕他的原因。你不可能永远是联盟的头号人物，你可以在联盟待上 14 年，依然是第六人，或者他现在的样子？不是抵抗那些家伙，而是在逆境中打球。联盟中发生了种种变化，而科比经历了每个人的巅峰期——勒布朗·詹姆斯、特雷西·麦格雷迪、凯文·加内特等。科比在场下经历了很多事，可他依然不断前行。可以说，以他的自律，完全当得起他所达到的高度。

当本杰明·罗伊·阿姆斯特朗告诉我，我在新秀赛季给芝加哥带来多少收入时，我开始明白了。在我的新秀赛季，我们扫荡了凯尔特人的季后赛系列赛，这是我从未想过的。我只是想那应该是拥有影响力的艺术家、因某场音乐会或其他事情走红的音乐家，我不认为我是他们那样的人。他们是我专门去看的人。这是关于球队的。你明白我的意思吗？这是每个人的事情。

我意识到科比来了，你觉得球迷会来看夸梅·布朗，还是科比？你环顾球馆四周，看看他们穿了什么球衣。球馆里的一切令我大开眼界。如果你是一个有我这种成长经历的孩子，只有篮球，参加大型比赛，出城旅行，只是为了打篮球。你想跻身名人之列，但你认为轮不到你。

这让我更加意识到，这不仅仅是一场比赛。我很高兴我在很年轻的时候就经历了这些，但同样令我高兴的是都结束了。原本我会成为一个一团糟的人，不顾及他人的感受，把一切都归咎于媒体。原本我只会说："你们让我分心了，你们在伤害我。"一切的出发点都是我、我、我。想想李小龙、鲍比·菲舍尔那样的伟人，他们都身不由己地成了这样。

我那时候亦是如此。我可以对我在训练馆待了多久有自信。我不会夸耀或吹嘘，在篮球方面自鸣得意，这些我都不会。但是要说我的职业精神如何，以及我为此付出了多少，没有人能说得准。我原本越是成功，就会越饥渴，会有更多的欲望。

所以对于那时候发生的任何事，我都不后悔，真的完全不后悔。

回忆那些事很酷，因为我未来的样子会让人们看到："天哪，他的比赛风格完全改变了。"即便我的故事并未广为人知，我希望那些在我离开后无意中了解到我故事的人，能够联想到我有多努力，以及什么才是重要的。

我想到我所谓的篮球矩阵，我深陷其中。因为我在那个矩阵中，所以我会说"我凭什么不能成为这个联盟的 MVP"。那是我进联盟的第二年，你肯定会说："这人在说什么鬼话？"我做到了。这个结果水到渠成，因为我的表现足够优秀，而且一切都顺风顺水。

媒体、广告宣传等，一切都顺着那些一直赢球的人。于是我真的把自己全押上去了。然后，在我膝关节前交叉韧带撕裂后，我问妈妈："为什么会这样？我就是搞不懂。为什么，为什么，为什么？"

现在，随着年龄渐长，回顾这件事，我看到我由此走过了多远，看到自己成长了多少，现在我确实明白了。我真的有机会改变那些孩子的心态。想想我来自哪里——芝加哥南区恩格尔伍德。当初我的一个目标是成为亿万富翁，我以前真这么和别人说过。但是我心意变了，现在我希望有朝一日能设立一个基金会，让人来基金会工作，然后我也参与其中。目前我的任务仍是篮球，一旦时机合适，我想一直待在基金会，我想完全投入我所做的事业。

在我的家乡，有许多孩子得不到关爱，他们生活中发生的事太多了。我希望这些孩子明白，我们需要他们每一个人，我们爱他们。我希望这些孩子不再只想着自己，因为他们这么想，就像置身一个电子游戏，置身一个不会回报给他们爱的游戏里，最终受伤的是他们的家人。

孩子们需要学会耐心。每个人现在都需要耐心，所以我努力远离 Instagram（照片墙，社交软件），社交媒体会让人失去耐心。

被推入这个世界时我 20 岁，我对自己的财务状况一无所知，对于信托或遗嘱、期权、债券股票、媒体都毫无概念。我怎么就应该知道这些呢？我是一个内向的人，对金钱一无所知。我对联盟也一无所知，只想打球，对篮球有着纯粹的热爱，无论好坏，任其发展，我取得了很大的成就。

但是我并没有乐在其中。MVP？一边去吧，我并不珍惜它。我不记得有哪天晚上我跟家人一起外出吃过饭，完全没有。你说最佳新秀？那是我该拿的。人们说："行吧，你已经拿到 MVP，我们看看你能不能再拿一个。"一切都太快了，正如我所愿，但我并没有像我想象的那样乐在其中，我把一切都推到一边，因为我觉得：我还有 15 年去做这些。我只是不断收割荣誉。我全身心投入，但我成了一个自我迷醉的人，陷入并困在那个矩阵之中。

能兼顾两者的人寥寥无几。迈克尔·乔丹、阿伦·艾弗森，他们在派对上玩起来就和他们打球时一样。大多数人无可避免地走向一个极端。我见过很多这样毁灭的人。我努力全身心投入，并因此几近发狂。从膝关节前交叉韧带撕裂开始，一切都结束了。

3

可怕的成长环境

从小到大，我一直住在破落的房子里。那是保利娜街 7305 号一栋小平楼。有时我的一些表现，部分原因源于此处。我记得我拿着香烟找到外婆，并问她 :“这是什么？ ”她会迅速把它从我手里抢过去。我心想，是我做错事了。我以为那是个管子，而且还在燃烧，所以我把它拿给外婆，心想 : 在它爆炸之前处理掉它。

在家里，他们偷我的东西。他们偷走了我的指环。那是我的婴儿指环，上面刻着一个字母 P，代表“小熊”。他们还偷走了用来录音的步话机，诸如此类的东西。直接偷走了。小时候，我找了它大概两年。你想想，两年啊。我一直以为我把它放在某个地方了。他们（舅舅们）一直在卖我的玩具，还有悠悠球和电子宠物机。

可能有 10—11 人住在家里，包括几个舅舅、其中一个舅妈、他们的表兄弟、我的表兄弟、哥哥以及外婆。这是一幢四居室的房子，但是我们都各自挤在五六个狭小的空间里。楼上基本不管哪里都被改造成了卧室。人可以进去睡在沙发上。楼上狭窄的走廊被改造成房间。一个狭小但是人可以进得去的储物间，也被改造成房间。

高中之前，我一直和妈妈睡在一张床上。我家没有足够的空间，而且确实，我待在妈妈身边也更自在。那时候哥哥们岁数较大，他们不会再让他们的小弟弟跟着到处跑了。所以大部分时间我都是一个人待着。

那种居住环境真是太可怕了，有时候，我会好奇我是不是有创伤后应激障碍。骚乱每时每刻都在发生，比如我的表姐肯德拉，她总是打架，而且常常会赢，她是个难缠的人。她总是穿着漂亮的球鞋，如新款乔丹鞋。小时候，如果有重大比赛，我有时会带着她的鞋去，因为她有带防滑底的，我可以把我的脚塞进去。

她以前经常在附近打架。很多次，我在街上或街区玩时，看到 4 辆车停在家门口，有人手里拿着棍棒和枪支跳下车。小时候，无论我待在家里的哪个角落，都能听到有人在扭打。比如我的表亲，他们在楼上玩，我会听到他们在扭打中摔倒在地上，或撞到东西。由于外面发生的那些打斗，我经常以为有人闯进来掳走我的表姐。所以每次我都会跑上楼躲起来，想着会有人破门而入，我的心脏都快跳出来了。我心想：天哪，他们要回来了。

她现在还在芝加哥，过得不错。但是我记得有一个跟着大哥混的朋友，他们在车里，大哥说要来点刺激的，结果他把我的朋友杀了，还击中了我另一个朋友的脖颈，不过他装死逃过一劫。帮派，你在成长过程中不得不面对，因为它就在你周围，即便你并未参与其中，可它无处不在。你当然可以尝试敬而远之，但你怎么可能真正远离它呢？

我知道人们会说，这都是那里人的问题，枪杀案都是非裔美国人干的，他们肆无忌惮。这是一种无声的种族主义，没有人谈及，但正是他们挑起的种族主义导致了一切问题。现在，你会觉得我们人类该成长了，毕竟从奴隶制存在以来已经过去这么长时间了。

在美国，每个人都喜欢摆出一副社会在进步、我们很伟大的样子。可这怎么可能伟大呢？一个不能直面事实的人又怎么可能伟大呢？事实是人们遭受了不公平的待遇。事实是你告诉人们，如果你努力拿到学位，你就会被赐予一个千载难逢的良机。但是很多人无论如何都得不到这样的机会，他们甚至连小试牛刀的机会都没有。

人们不理解我所住的地方有太多陷阱，可以把人困住。这是一个困住很多人的地方，人们故步自封，其数量甚至比奴隶制的受困者还要多。

看看这里的学校。哪里会有学校被政府关闭？芝加哥南部各地都有这种现象。政府关闭公立学校，然后拨款给私立学校，帮助那些不缺钱的人。看看我们的书本、实验室、备考情况，跟芝加哥其他地方没法比。然后他们又说这里的人不愿意工作，只想着天上掉馅饼。去他们的吧！妈妈打两三份工，一刻不停地工作。她在我之前出门，我有时会逃学，但她总会打电话确保我去上学，在我篮球训练结束后她才会回家。她做过各种各样的工作，比如秘书，你想得到的一切工作她都做过，可她挣的钱依然不够，因为这些工作的报酬实在少得可怜。

然而，她始终在努力工作。

你看看戴利家族执掌芝加哥时干的那些事，你以为丹莱恩高速公路建在那个位置是无心之举？他们想把芝加哥南部的地区隔开，以保护布里奇波特地区和戴利家族。布里奇波特的街上到处都是警卫。楼宇拔地而起，他们称之为公有住房，可那就像监狱。楼那么高，人却像住在监狱里。

别跟我说一提到芝加哥就是黑帮以及各种毒品。芝加哥出名的是什么？阿尔·卡彭和意大利黑帮，对吧？电影里都说，一切都逃不过他们的子弹。看过 1893 年世界博览会的事吧？其间很多女性失踪了。没人讨论过这件事，却装得好像芝加哥是一下子乱起来的。他们装得好像只是黑人在制造骚乱，好像这都是那些疯狂的黑人的错。喂，做那些不法勾当的是市长戴利的家人。是他们让黑帮的人到社区里毒打黑人。这是我们的问题吗？

现在是一场危机，但是不要表现得好像突然就发展到这个地步的样子。即便在芝加哥，如果你是非裔美国人，你能有多少机会？芝加哥在暗地里是有种族隔离的。这就是我的意思。如果你是非裔美国人，你在芝加哥可以有钱，但要在某些地方买房或买地产依然会遭遇阻力。我打算在市中心购置房产时就被拒绝过。我想在密歇根大道附近给我当时的女朋友买个店面，开一家理发店，被他们拒绝了。我有钱，但他们认为得是“城里人”。知道我在说什么吗？来他们密歇根大道的应是“城里人”。

所以我们那个地区不仅没多少店铺和公司，也没有足够的工作岗位，但是你打算开个店时，他们还不让你这么做。明明是他们不允许，结果不知怎的成了我们的错？

这个地区怎么发展得起来呢？

人们去贩毒。我哥哥也干这行。这只是为了养家糊口，不是什么贩毒团伙。

还有，为什么我们会因为毒品被送进监狱？酒不是毒品吗？烟草呢？因为有太多白人靠它们挣钱，所以这两样是可以的。你觉得因醉驾丧命的人多，还是因毒驾丧命的人多？由于在非裔美国人社区，就成问题了？这就是埃里克·加纳在纽约被杀后，我穿着印有“我无法呼吸”（I Can't Breathe）字样T恤的原因所在。

我了解这里的孩子，我知道他们真的渴望改变，希望在一件事上与其他人拥有同等的机会。这就是为什么我一直在问，我的家乡是否真的存在足够的机会。因为我有钱，但在我的家乡，我依然很难找到能帮助我同乡过上好日子的人。我们所处的体制似乎让我们处处碰壁。

首先，想得到一份工作，你受过教育吗？至于学校，为什么上大学要花那么多钱？孩子因为他们的出身无法接受教育，这是怎样的国家？医疗也是如此，仅仅因为生病，人们就会破产，这公平吗？这难道不是一个国家应该做的事情吗，只有如此，才会拥有更好、更聪明、更健康的人？教育和医疗会使所有人受益，也会使国家受益。我们的目标是让每一代人更聪明。所以为什么要收费呢？

如果我们的目标是保证人类和社会不断进步，如果你真正在乎，我们就需要为此负起责任。仅仅在纽约，我们就有足够多的亿万富翁在解决这个问题。

这太不可思议了。为什么教育和医疗是有价的？这种事你小时候不会想，因为你没概念。我很幸运能拥有篮球，以及我和我家人从中得到的一切。在我长大后，离开那里，回首往事，我会为那些孩子哭泣。

看吧，大部分家庭基本上都有很多孩子，甚至没有爸爸。这种情况影响了很多孩子，你会感到绝望。我很幸运拥有一位坚强的妈妈，还有哥哥，以及和我们关系密切的人。

以身作则。这就是我现在要做的。说起来有点难，就像我说的，你不得不提出一切，这是系统的一部分。我知道那些孩子想做好，我就在他们身边，我很了解他们。但很多时候他们只是缺一个机会，得不到资源，丝毫没有。他们时时刻刻处于忍饥挨饿的边缘，因此我心里总在想：接下来会发生什么？现在怎样了？好吧，我不能去那个街区。

那里成千上万的孩子没有同等的机会。这就是为什么我希望拥有10亿美元。因为我知道，我真的有机会影响社会上发生的很多事。但总有一天我会的，我会重返那里。

现在我能做的一件事是，我会在恩格尔伍德的楼房开盘时了解一下情况。我并未买下许多楼房，因为篮球依然是我的第一要务。我感觉人不能同时热爱两件事，所以我还得专注于篮球。不过我已经关注于此，尝试提供帮助。我总是默默去做，我的行事风格如此。

我与乔金·诺阿及其基金会、迈克尔·弗莱格神父及其反暴力运动都合作过，我还修缮过老默里公园的篮筐和球场。公园就在保利娜街我家的拐角处。我一直在那里铲雪，这样孩子们就有球场打球了。我还向课后事务组织捐了 100 万美元。

没多少人能像我一样靠篮球闯出一片天地，所以我很为我的罗斯学者奖学金项目骄傲。来自田纳西的阿尔贝托·奥尔蒂斯在 2018 年 11 月收到 1 万美元，以资助他在中田纳西州立大学的学业。来自菲尼克斯的加布里埃尔·李是罗斯学者奖学金项目的大奖得主，他得到 20 万美元，供他在密歇根州立大学进行他的运动机能学研究。

我对他们的未来充满期待。我很高兴我能为他们做这些事。这才是我真正想做的，为孩子们做事。如果你打算为社会做贡献，那就是我给你的方向。我从小就是打 NBA 的命，但这种情况凤毛麟角。我是个幸运儿，这条路几乎是命运强加于我的，不过我没有抱怨什么。如果你想在正确的方向上有所建树，做点什么，那必须是与教育有关的。在我的篮球生涯结束之后，我可以更加亲力亲为，这会给我的孩子们树立值得学习和为之骄傲的榜样。

如果你像我一样长大，家里也有这些表亲和孩子，住在这样的房子、这样的地区，你自然想去帮助孩子。我喜欢奖学金这种形式，因为帮助的不仅仅是某个人，而是整个地区，使得这个地区对所有人来说都更美好了。而且，谁知道这些孩子以后会回来对这个地区做出怎样的贡献呢？这一切的意义都在于关心年轻一代。

我还会资助葬礼，这事你们从来没提过，我尽力默默地提供帮助。我理解那些人的遭遇，我也知道一场葬礼的花费。我遇到过这种情况，而且很多次了，你或者你认识的人打算埋葬死者，但没有足够的钱，你会努力筹钱，只为体面地埋葬所爱之人。这有什么不好吗？

我有过这种经历。我是家里最小的孩子，所以我总待在老人身边，听他们聊天。也许我听到的一些是我不该听的，但是在我所在的地区，你会听说很多关于死亡以及人死了之后该做什么的事。很可悲，可是生者居然没有钱适当表达敬意？有人刚刚被杀了，他的亲人还得想办法从哪里弄到钱？拜托！

当然，我不住在那个地区了，但是你还是想知道那里发生了什么。所以我会和一些还住在那里的人交流，由他们告诉我发生的事。有时我会回去，骑车穿越整个地区，看看我还能购置些什么，来改善这个社区的状况。我以后会一直做这些。我现在知道如何投入我的钱了。我拥有一个很棒的团队，身边有出色的金融界人士和经纪人。之前我的经纪人是阿恩·特勒姆，现在是本杰明·罗伊·阿姆斯特朗。我欠他们太多了。回想起他们在各个方面对我的照料，那对我有特殊的意义。他们确保我的任何事情都不出差池。以我当时的情况，他们原本轻易就可以利用我，但他们没有。

这就是为什么我感觉我的故事是给那些理解这种奋斗的人看的，你会对此产生共鸣。即便现在人们对我没那么了解，我感觉他们仍能对我的经历有体会。我不在社交媒体上取悦大众，从不像其他人那样发一些取悦大众的帖子吸引粉丝，但我感觉人们能体会到我身上的某些特质。我认为这源于我的真诚，不矫揉造作，而这一点在很多时候无缘无故地被媒体曲解了，我只不过是做自己而已。

就像我提到的那件“我无法呼吸”T恤。遇害者与我来自相同类型的地区。那里看起来像我附近所有的店面。我很可能见过、去过这样的店。我能拿警察怎么办呢？大声嚷嚷“喂喂，你把他掐死了！要杀了他”，这样吗？

得知这件事后，我与我最好的朋友兰德尔谈过。我让他把这行字印在一件纯色T恤上。这就像一次意在阻止迫害的请愿。2014年12月，公牛对阵勇士。我穿着它走上球场时，我知道这非同小可，因为所有队友都惊呆了。重点不在于我，你们看得出来，他们的想法改变了。

人们会不安吗？因为我不是一个话多的人，也不是一个直言不讳的人，我认为这使得我的发声更加引人注目。这就是我的用意，诸如此类的事，或一些简单的事，我关心的事，我在努力帮助他人。这就是我想表达的方式。

最疯狂的是，我从未与警察打过这样的交道。我肤色浅，在我的社区，这一点很重要。如果你是浅色皮肤，他们就会认为你很软弱。我从来没在社区打过架，我只和我的朋友打过。我以一种特立独行的姿态示人，四处行走时我必须摆出一副强硬的架势，表明我不惧怕打架，表明“人不犯我，我不犯人”。

高中时，我确实被关过，但那是由掷骰子引起的。真的是因为我的肤色很浅，没有胡说，警察抓我是因为我看起来是个单纯的人。这一记录留在我的档案里，一直到我十七八岁。如果自那以后我没有任何违规行为，他们会消除记录。当时我15岁。我在学校后面，二三十个孩子在外面掷骰子，而我在球场上打篮球。不知怎么，警察悄悄包抄过来。那些掷骰子的人表现得像在打篮球，一个个大喊“轮到我了”，然后走来走去，这样警察就不会抓他们了。

我在场上运球。警察走过来，他从30多个孩子里挑中了我。为什么？我想他看到我很单纯。他知道其他孩子都会逃跑，而我不敢惹麻烦。逃跑会挨枪子的，这种事我们都见过。

所以他们把我关起来，我在里面待了6小时。妈妈不得不中途离岗。我以为比起从监狱领走因玩骰子被捕的我，中途离岗会让她更为光火，不过她很平静。她知道比起警察做的那些事，这还不算严重。

哥哥惹过祸，不过大多是些小事。我感觉除了我和哥哥之外，其他人年少时都卖过毒品。他们不是什么大人物或类似的人物，或是人们口中“别招惹”的人。他们没有给我们那个地区造成麻烦，也没有引起什么骚乱，这些都没有过。我们不是来恐吓任何人的，不过你清楚，如果你跟我们中的谁起了争执，我们绝不会退缩。而我的表现不一样，气氛不同。我不会锋芒毕露，不会到处指点别人该做什么，或该怎样，我从来不会这样。我与人相处时，更像在说：“别烦我。”

哥哥们高中时就读于哈伯德高中，他们都打篮球。德韦恩最后进阿默斯特学院就读了一段时间。雷吉去了一所专科学校，随后进入爱达荷大学。艾伦本该去宾夕法尼亚州罗伯特·莫里斯大学打篮球，但他没有去。我记得有一天，哥哥雷吉在我面前停下车，问道：“你哥呢？”他很快把车停在路边，于是我知道要出事。

我回到家，雷吉正在揍艾伦，因为艾伦说他不打算上大学。看到这个情景，我心想：雷吉这样做是因为艾伦说他不打算上大学？看到他这么揍艾伦之后，我想我得上大学。

艾伦是哥哥中打球最好的，本来他拿到了奖学金，什么都有了，但他遇到了麻烦。不过，这对我来说是一个警示，告诫我什么是不该做的。我目睹了这一切是如何改变哥哥的。不是吸毒，只是卖毒品；不是有组织的贩毒，只不过是为了挣点钱谋生，贴补家用，卖毒品的实质大多都是如此。“城里人”不会让你去市中心，在那里你本可以开一家公司，给人们提供工作。在我们这里，店铺都关门了，比如塔吉特门店在2018年年底关门了。然后他们转去状况更好的地区开店，那里的工作岗位更多了。我从来没卖过毒品，也没参与过这种事。看到哥哥所经历的一切，我告诉自己绝对不能走这条路。

艾伦是我认识的最混蛋的人之一，他到处惹事。小时候他常常推搡我，动作特别大。我在学校经常取得很不错的成绩，高中考试我只拿过一次F。有一次，我的成绩单上有一个D，艾伦就说“D是给笨蛋（Dummy）的”。他很聪明，所以我无法反唇相讥。有一天晚上，我和他在一个房间里，他拿出一袋袋毒品。他从未夸过我，所以我知道这一次有点不同。

他说：“千万别干我干的勾当。”我只是在他的房间，只是为了待在他身边。他又说了一遍：“千万别干这勾当。”

我说：“这你不用担心。”

“小矮子，”他说，“你很冷静。”

这意味着我真的很优秀——他是说我球打得很好。听到他的话，我心想：天哪，他知道我有打球的天赋。妈妈就不知道。我上小学时，没什么人知道我有篮球天赋。不过口口相传，有人告诉他："嗨，你弟弟球打得不错。"

他是第一个真正意识到我有篮球天赋的人，我也感觉我能打出点名堂。所以他警告我，他想确保我别走上他的路。

在某种程度上，这里的人也懂得自重，这种事我见过很多。我认为很多人没找我麻烦的原因是，他们想：找他麻烦有什么意义呢？找德里克麻烦完全没任何意义。他很安静，他走自己的路，而且他打篮球极其刻苦。

在我的地区，大家都知道我会打出名堂。想象一下，小时候我每天都会看到嗑药的人，每天都会看到危险的事，但是那里没有人真的试图伤害我，或对我动手，因为每个人都知道我有梦想，我想熬过这一切，离开这里。没人对我说过什么，更多的是一种理解——一种奇异的感觉。

我给你们讲个故事吧。我从未卖过毒品，但是我参与过赌博。骰子和篮球，都是我的游戏。这个故事的主人公是戴恩，他死了。年少时我很崇拜他。他上的是博根高中，爱打球，穿着很酷。我的名气在社区越来越响，所以戴恩感觉我打算取代他的位置。当时我是六年级最小的男孩，而他已经上高中了。

有一天，来了一群孩子，我听到门口有脚步声。有人咚咚地敲门。"小熊在哪？让他出来。"他们说，"戴恩在那喷垃圾话呢。"

我的反应是："什么情况？"我上楼拿了表姐的新乔丹鞋，把我的脚挤进去，系上鞋带溜出了家门。

我到了公园，发现戴恩那些比他大的朋友在那里，他们说："把他带来了。"他要当众单挑，就像说："我要打得你屁滚尿流。"

但最终小熊赢了。我喜欢这场胜利。有些时刻你会记忆犹新，即便那不是什么重要比赛或锦标赛。我太高兴了，要知道我才六年级，这对我来说是个意义重大的日子。也正是在这时候，我开始明白，有些事变得不同了，邻居们开始议论纷纷。我是唯一一个和成年人打过球的孩子。也是在这时候，我第一次发现我居住以外的地方别有洞天。

六年级时，我第一次去其他地方。我开始打 AAU 联赛，随队去了明尼苏达。这是我第一次离开伊利诺伊州。那时候我意识到，凡事是可以改变的。看电视、报纸时，我知道人们过着不一样的生活，但那看起来不太真切。前往明尼苏达，我亲眼看见人们的生活，那种生活第一次真切起来。但是我能做什么呢？我还只是个孩子。

同样是在六年级，我第一次去了芝加哥市中心。我去克兰高中参加决赛。在市中心坐车兜风，我们都陶醉了。那是我第一次近距离看到摩天大楼。

妈妈根本不是种族主义者。她对待每个人都是一样的，所以我从来没听她谈论白人的事。妈妈从来都不跟我说种族的事，我猜这是因为她清楚我是什么类型的孩子。她也从来没和我说过警察的事。感谢上帝，我从未卷入麻烦。大多数时候我都很走运，真的。信不信由你，我初次接触种族问题，看到某个种族主义者还是在杰里·斯普林格秀上。

我记得我经过舅舅房间时，看到电视节目里出现了 3K 党。那时我只有六七岁，还不能理解这种事我哭了起来。我一直以为人们都是互相友爱的，尽管我直到高中才在现实中遇到白人，跟他们说了话。实际上，我第一次与白人孩子同班还是在大学时，我从不觉得白人和黑人有什么不一样。

但是返回家乡，我会看到有人被用枪柄殴打，会听到附近的枪声。我在公园里打球或玩骰子，会突然停下来，因为我听到了枪声。一听到枪声，我就知道枪击位置离我有多远。听得多了，我就能听出被击中的人伤得重不重。我根本不会跑回家，因为对这种事已习以为常，甚至听得出枪击位置离我有几个街区。我会说："没事，枪击在两个街区之外，我们继续玩骰子吧。"在我们那个地区以及很多地区，情况都是这样。

你听说过暴力文化吗？比如肯塔基州的哈特菲尔德家族和麦科伊家族，他们一直在互相残杀。就像很多非裔美国人，他们深陷其中。在我的社区，有人杀了我的三个表亲，这根本不可能让我不去计较，或者不再怨恨这个人。这是正在发生的事情，需要一个强悍的人来以德报怨。如果你失去了很多亲人，这件事很难办到。

戴恩就是一个牺牲者。因为他弟弟干的事，他在早上 7 点被人枪杀了。在我的社区，你不能随意四处走动。我的朋友曾被迫把他的弟弟送到别人家待了一个夏天，因为有的地方是不能去的。不久之前，我的社区有一个男孩被杀了，他戴着 AirPods（苹果耳机），持枪者向他开枪时，他甚至毫无觉察。他有一个双胞胎兄弟，他们杀错了人。世道就是这样，但没有人应该活在这样的环境里。

在家里，每天晚上我都会被蟑螂咬。妈妈不得不在晚上我们睡觉时喷杀虫剂。我经常被蟑螂咬醒，然后不得不带着蟑螂咬伤去上学。把它们扫清了，又会冒出来一大堆。有一次我们采用烟熏法除蟑螂。我不知道我们躲去哪里，到处都是烧焦的痕迹。我们回来之后，所有人要一起把死蟑螂清扫出去。

现在我和朋友在下国际象棋，那时这种事完全无法想象。由于经常看社区的人赌博，六七年级时我学会赌博。我总是待在默里公园，因为枪击案，它被称为谋杀公园。我待在公园太久，甚至忘了公牛的比赛什么时候开始。我经常与比我年龄大的孩子或成年人一起打球，这是我学会不依赖投射掌控比赛的一个原因。跟他们打球，我不能总是投篮，否则他们就不跟我打了。

我记得雷吉说，我从他那里学到投篮手感，跟艾伦学会弹跳，跟德韦恩学会控球，而速度是我自己的。雷吉过去常说，我的速度是在逃脱他皮带抽打中养成的。

4

妈妈，是我的一切

成长过程中，我对NBA一无所知。我知道芝加哥有一支球队叫公牛，他们刚刚赢球了。我一直喜欢这项运动，却没有喜欢过某一支特定的球队，也没有最喜欢的球员。现在有人问起的话，我会说是迈克尔·乔丹，理由是他对这项运动的意义。但是年少时我从来没有在乔丹比赛时黏在电视机旁。我说这话没有冒犯他的意思，那时我只是纯粹喜欢这项运动，喜欢赢下很多比赛的感觉。

我还打过网球。有一次我们在迈考密展览中心参加一个活动，那里的人允许我们用他们的网球球拍。实际上我赢了很多场网球比赛，拿了一些奖杯，妈妈还保留着它们。这项运动花费太高昂了。我还打过一段时间棒球，但我们的教练是个瘾君子。我想如果他不把这项运动当回事，孩子们又怎么会把它当回事呢？于是我不再打棒球了。而篮球，任何时候我都可以自己去公园里打。

之后他们告诉我，打篮球可以得到报酬，我真的从未想过，于是我开始关注这方面的事。我想请教的一个人是奥文顿·杰安东尼·梅奥(OJ)。他是我一直在追随的人，一个大牌人物。他是我七年级时近距离见过的最好球员。他是我的标杆，是我心目中所有球员中的“总统山”。我一直对自己说，“要是能和 OJ 打场球就好了”，可是我们之间的比赛被他们取消了好几次。

最终，高中的某个夏天，我们打了一场球，他以一个不可思议的 3+1 终结了比赛。说起追逐某个目标，我的目标一直是超过 OJ。即便在进入联盟后，我还惦记着超过他。

我不知道我对勒布朗·詹姆斯也会产生同样的想法，我一直以为我的目标是超过 OJ，见到勒布朗后，我的想法发生了转变：“哦，天哪，这是另一个级别。”进入联盟后，我感觉，尽管我是勒布朗的球迷，看过他很多比赛，但我和他交手，完全不在一个层次上。

我们从保利娜街搬来。在我升入七年级时，我们住在南马什菲尔德街 7257 号；高中时住在南塔尔曼街 6701 号。外祖母去世了，妈妈搬出了这个家。那时舅舅们经常吸毒，他们没有工作，因为我们住的地方没有足够的工作岗位，妈妈不得不支付所有账单，她对此已心生厌倦。高一那年，我和艾伦随她一起搬走了。

为了给家里赚钱，我不断地去赌博：骰子和篮球。在篮球上，我从来没有输过。重要场次里，他们会在我身上下 500 美元、1000 美元的赌注。我小时候还去加油站给汽车加油，为妈妈挣钱，有一次是为了我们想要的宠物。高三时，我和一个朋友终于得到了这只小狗。他妈妈不太在意这件事，让我们把小狗留下了，但是我们没有钱养活它。我们绞尽脑汁想如何搞到狗粮，我想到：我是一个浅肤色的孩子，是看起来最单纯的那个，如果我去加油站问问，那里的人大概会同意给我钱，让我帮他们加油。于是，我又多了一个给家里赚钱的渠道。

我说过我家的房子很破，而且这是事实，家里还有人吸毒，但我家不只是这样。这是一个悖论。我家是好玩的去处。不，不是因为毒品，我是说，孩子们乐意去我家，但我总是努力远离我家，我说："不，我想离开我家。"其他孩子都说："我们去小熊家，我家规矩太多了，我们去你家吧。"出现这样的情况更多的是因为我家的状况、妈妈，以及我们一大家子。妈妈总跟我们做游戏、打牌。我家里总是充满欢声笑语。

小时候，有两次我差点没命，很愚蠢。一次是在独立日，我和朋友乔希在一起。我住在街角的第二幢房子，街角处有一辆拖车，停在那里差不多三十年了。我们大概十二三岁。乔希爬上车，把油箱盖打开，往油箱里扔了一根火柴，什么也没发生。他又点燃一根火柴扔进去，一长束火焰喷射出来，到处都是火，追着我们，乔希的手被烧着了。我惊慌失措地说："我们该怎么跟你妈妈交代？"他的手马上起了水疱，脸上等处也是。我们不得不撒谎说，他手上的伤是烟花造成的，因为我们不能说我们差点把自己作死了。

另一次，我喝了漂白剂。不是你现在听说的那种含汰渍凝珠的东西，我不是故意的。我和朋友在外面玩抓人游戏，到处乱跑。我大概跑了 30 分钟，然后跑到家里弄点水喝。妈妈在洗衣服，所以我看到桌上有洗衣用的东西，还有两个大杯子。我看到杯子，很清澈。我赶时间，因为比赛还在进行。“我得快点赶回去。”杯子里看起来像水。我说道：“太棒了，妈妈给我留了水，我不用自己倒了。”我喝掉了它，醒来时发现额头上还沾有牛奶。妈妈说我昏倒了，并且呕吐，她打电话咨询懂毒药的人，看看发生了什么事。他们让她给我喝牛奶。牛奶促使我把漂白剂吐了出来。我想我那时是 9 岁或者 10 岁。小时候总会干蠢事的。

我是最小的：德里克·马特尔·罗斯。妈妈让哥哥们给我起名字，他们最终决定叫我德里克·马特尔。这名字是他们选的，我从来没问过他们为什么选这个名字，真的没问过。关于我的姓氏，最疯狂的是跟妈妈有关。罗斯实际上不是我们的姓氏。我的姓氏应该是布伦菲尔德，我的名字应该是德里克·布伦菲尔德，布伦菲尔德是妈妈的婚前姓。妈妈嫁给汤米·罗斯，后来离婚了，但我们保留了他的姓氏。德韦恩是老大，比我年长约 15 岁；雷吉比我年长约 13 岁；艾伦比我年长 7 岁。我真的不记得德韦恩在家里的事情了，我对他的记忆更多的是在上语法学校时，我会在他家里过夜。

我不知道爸爸是谁，我记得小时候问过妈妈，但是你也知道，在人不想提某件事的时候，你最好别问。我一直没有追问她，直到我再大一些，懂得如何以一种更成熟的方式来表达，而不是直截了当地提问。她 34 岁时有过一段感情，最后她不再与爸爸说话，于是他搬走了。自那以后妈妈就没有他的消息了。我觉得他已故去了，我高中时就这样想。

我们从未联系过。

所以，汤米·罗斯就是这个家的爸爸，他是哥哥德韦恩的爸爸。汤米，他还健在，依然会去妈妈位于霍姆伍德的家，我们仍把他视作家里的一员。我觉得妈妈与她交往过的所有男人都离婚了，但离婚后他们仍然是朋友。

在我眼里，汤米并不是妈妈的约会对象，在我小时候，他极其接近一个父亲的形象，因为他总是在我身边。他是最常待在妈妈身边的成年男性。

妈妈不会和那些有不良影响的人在一起。汤米现在有工作，且一直在工作，从来没有待业过，还参加过越南战争。雷吉和艾伦的父亲也在附近，他的名字也叫艾伦。妈妈与他们都保持着开放式关系，对一个女人来说，这样做有点与众不同。要知道，她为了我们离开了他们。另外，尽管她的兄弟都沉迷于毒品，而她却远离毒品，她的坚强令我印象深刻。

妈妈来自海德公园社区一个贫苦家庭，高中二年级就辍学了。大概 15 岁时她怀上德韦恩，外祖母称她不打算帮妈妈抚养孩子，外祖母说：“这是你的责任。”从那时起，妈妈努力利用一切条件，最终生下了哥哥。她一直打工挣钱养活家里人，因此不得不辍学。她在学校做过一些垃圾工作、助理工作和秘书工作。有时，因为她所工作的地方遇到问题，她会有好几周拿不到薪水。我经历过这种状况。想象一下，她那么小，会是什么感受？我经常坐在桌边，和妈妈一起翻看账单，看到妈妈有多少钱，然后看到这些钱为了付账单而消失。我试着接受，心想：天哪，怎么会这样？难道所有人都过着这样的生活吗？

我想解决现状，于是对赌博热衷起来。我觉得我必须为她做点什么。

大概在七八年级时，我经常打篮球。我从五六年级起打有组织的篮球，但我也会赌球。我的赌博类似“吹牛赌”，就是掷骰子和跳投，我从来没卖过毒品。所有和我一起长大的人，那些我认为自己也是其中一员的人，他们都没接触过毒品。他们事实上拥有了工作、入了学并考上大学。我很幸运和他们一起长大，生活在同一个街区。所以，我用赌博挣了钱，同时看到妈妈的账单状况，我的钱就成了她的。

以前玩骰子赢了钱，我会把它放在她的钱包里，给她一个惊喜。如果我需要钱，就从她那里拿。这不是偷她钱，你明白吗？如果我需要 20 美元，我就会拿 20 美元，因为我上周给了她 150 美元。我还在卖耐克送给我的鞋，这是一笔不小的收入。他们一直送我鞋，他们这么做是因为我的篮球技能。只要我向他们要鞋，他们就会给我。

鞋大概值 250 美元，我会以 150 美元卖掉。我可以随意处置它们，所以我会穿几次。朋友会问：“你把那些乔丹鞋也处理掉了？”我回答：“是的，我处理了。”这也是我 MVP 颁奖礼演讲的全部内容。我没怎么编排内容，就是回顾我们的经历、妈妈对我的支持，以及我们一起经历的一切。我做梦也没有想过我会说出这些话：

“布伦达 · 罗斯，我的爱，你是我能这样打球的原因，是我的一切。只要知道我不想训练，在经历所有困难，你就会激励我，然后去工作，确保我无后顾之忧，确保家人无后顾之忧。那是艰难的日子，而我的生活并不艰苦，因为我热爱我正在做的事，那就是打篮球。你是我每天前进的动力，我爱你，我很感激你是我的妈妈。”

我上面说的都是发自内心的，是我当时的真情实感。我什么都没准备，上面的话是因为看到妈妈坐在那里，回想起她所做的一切、她为我们所经历的一切，以及我们现在所收获的。我经历过她的工作，对她的状况感同身受，比如她没有事业，要做几份工作。我不必经历这些，我喜欢我正在做的事，我的生活不一样。我不该抱怨，真的，正是这些造就了我。我看到一个坚强的人、一个坚强的女人，她经历过一些关键的事情，她很好地处理了。她很会照顾儿子们，为每个人奉献着一切。

所以我一拿到钱就给她买了那幢房子，她在她喜欢的霍姆伍德区看中了一幢房子。此前她去了几个地方，最后爱上这个封闭式街区。她爱管闲事，所以她能看到这里发生的一切。她的邻居是个警察，这对她来说很完美。

那时候，我没有意识到这对她、对所有人来说具有何等重大的意义。这只是我应该做的，为妈妈购买房子。但是随着年龄的增长，我越来越意识到意义远不止于此。有钱人知道，有了房产，你就可以传下去。现在这是我们的房子，任何人都不能把它从我们这里夺走，我们可以这么说。我们从来没有可传承的东西，现在它是我们的房子，我们可以以罗斯家族的名义随意处置，甚至卖掉。我们以此为起点，从我们长大的地方起步，甚至可以住在像我在洛杉矶那样的房子里？我们经常谈论这段经历。我们会坐在一起聊天，听的人会潸然泪下。令人难以置信，不敢相信我们会走到今天。

妈妈有很多关系很好的朋友，她过去经常打牌，而且很健谈。她亲近的人都过世了，留下的唯有哀思。她的两个弟弟死于毒品，第三个弟弟在她身边，不知道将来会怎么样。常和她聊天的姑姑去世了，姑姑的女儿也去世了。她的三个姐妹都已辞世。她有 9 个兄弟姐妹，其中很多都已故去。她以前经常与他们聊天，这成了她的一种特殊生活。你知道，人年纪越大，就越想和人说说话。妈妈是真正的健谈者，有时候她会觉得没人可以和她说话，看到这种情况我很难过。

这一直是我的心结，我小心翼翼地不给妈妈造成压力。我会想："哦，你在给妈妈施压，这会让她折寿的。"我总担心她会在看到我有所成就之前离世。在公牛的比赛前，我总会向她抛去一个飞吻。她坐在球场上方的包厢，她常说她也会给我回一个飞吻，还会说我是上帝赐给她的礼物。她在地下室保留一块地方，保存所有关于我的照片和文章。所以成长过程中我总在想："我必须打球，更上一层楼，希望妈妈能看到这一天。"一直如此。

5

希米恩的25号球衣

“小熊”是外祖母在我还是婴儿时给我取的。在街区，他们会给你起各种疯狂的外号。我以前是一个胖乎乎、黄皮肤的浅肤色宝宝，而且很喜欢吃甜食。由于圆滚滚的，他们叫我“小熊”，就像“小熊维尼”。最终他们不再叫我“小熊维尼”，只叫我“小熊”。

六七岁时，因为经常四处跑，我开始瘦下来，但是我依然喜欢吃甜食，吃你能想到的任何甜食。我以前经常用勺子和杯子吃糖粉。我把糖粉直接藏在我的衣柜抽屉里，想吃时随时拿出来。嘿，也许这就是我速度那么快的原因。有一个周六，我吃着糖看了一整天《超凡战队》。我知道现在这令人难以置信。我喜欢《超凡战队》，那是我的秀场。

我不怎么吃彩虹糖了。在公牛时，他们送给我一台彩虹糖机，我和朋友吃光了机器吐出的所有彩虹糖，之后大概两年我没再碰过一颗彩虹糖。我现在喜欢 Airheads、Twizzlers 和 Gushers 等糖果。我的牙齿怎么样？没问题，它们大多数都是假牙。泰 · 吉布森那次在训练营肘击了我，除了撞坏我的眼睛，还撞掉了我的 9 颗牙齿。

六年级时，我才注意到我的篮球水平与众不同。我们最终在伦道夫 · 玛格内特学校赢得六年级冠军。我在伦道夫 · 玛格内特学校只上到六年级，我说过，外祖母去世后，我们从保利娜街搬到了马什菲尔德街，我不得不乘坐公交车去比斯利学术中心，我在那里就读了两年。上高中时，我们搬到 63 街和塔尔曼街。哥哥雷吉和他的妻子搬家了，我、妈妈和另一个哥哥搬进雷吉家，我住在阁楼。

在比斯利，我们赢得了七年级和八年级冠军。我的球队赢得九年级冠军，却输了十年级的。之后在十一年级和十二年级，我们两次夺得州冠军。由此，人们开始议论我了，我完全没有想过这种事，不过议论确实是在这个时候出现的。

但这真的是一项非常艰苦的工作——非常艰苦。这时我认识了我的朋友德瑞。安德烈 ·“德瑞”· 哈姆林比我大，大概年长 10 岁，他有时在场上，有时在场边，是他带我去训练馆的。他这种男性形象是很多孩子成长过程中需要但却缺少的，他帮助我避免误入歧途。

你知道马尔科姆 · 格拉德威尔写的那本关于你需要 1 万小时练习掌握一项技能的书吗？那就是我的想法。德瑞加入了黑帮，不过这在社区很常见。他是一个试图理顺自己生活的人，所以他在球队里，帮助解决困难，尝试帮助孩子们做正确的事，帮助他人，同时也是帮助自己，因为他是过来人。他在这个地区长大，我想他能看出我的渴望，我希望自己越来越好。就年龄而言，我已经成熟了，我想他知道这是真的。我知道他没有暗藏心机和打算，完全没有。我觉得他在追逐自己的梦想，帮助我实现梦想也成为其中一部分。

一进入高中，我和德瑞每天放学后都会训练。他会一路开车送我们去霍姆伍德，那里有一个体育俱乐部。我会在那里训练，然后他开车送我回家。我从来没有细想“为什么他要为我做这些”。我一直觉得他是那种明白我想要达成某种目标的人。我是一个不起眼的人，待在房间里你甚至意识不到我的存在。但是他知道我想成为卓越的人，他看得出来。我感觉他在尽力驱策我达成目标，也许是因为他在我这个年纪没有达成他本应达成的目标，我不得而知。生命中，你需要有这样的人，得此一人是幸运的，尤其是在我住的地区。

我跟德瑞聊得很多。从学校到我想上的大学，再到女孩和金钱，我可以问他任何问题。我希望成为最好的。当时，我开始意识到我对比赛的感觉与其他球员不同。我知道我能够改变比赛，而不需要利用得分来改变。我可以利用我的速度、对时机的判断以及反应能力做到。

我随时都能马上赶到训练馆，他会让我训练现在的后卫做的那种同侧脚起跳上篮。不要运球，我很难做到，但是如果在比赛中，触发反应，我会做的。对我来说，很难进行思考，这已经成了机械动作。在我伤病恢复过程中，特别是膝关节前交叉韧带撕裂期间，没人理解这一点。我必须重新学会走路、如何走路，以及所有的一切。我天生就是一个球员，这些都是本能的，无须考虑我要做什么，只是根据我看到的和其他人的动作来做动作。但伤病时，连如何走路我都要考虑。比如我看到篮筐，我会想，怎样才能有足够的速度和起跳高度完成攻篮。

我去希米恩高中是因为我最好的朋友兰德尔·汉普顿。我在六年级或七年级时认识他的。他父亲后来把他送到我们球队。他父亲最终成为助理教练。在公牛期间，兰德尔成为和我一起到处旅游的人。在进入联盟前他也和我一起旅行过。他现在经营一家货运公司，我们的关系依然很亲密。我一向如此，与家人和少数几个我了解并信任的朋友保持亲密的关系——我爱他们，他们也爱我。

我本可以去其他高中，但我会想和我的兄弟在一起。希米恩高中现在就像一所实力雄厚的篮球学校。我没考虑这方面，我希望去令人舒服的地方。我能在学校里看到一帮兄弟，他们会问我："最近怎么样？"这是一种兄弟情。

在那里他们教授了纪律，这是我们很多人当时所需要的，包括我自己。纪律很严厉，比你想象的或听过的要严厉，现在依然在延续。不过，这让我意识到，孩子们想变得更好。如果你得了D，勉强通过考试，你就有麻烦了。因此，这里并不轻松，但我认同这种做法。我在此入学，所以我不能抱怨。

在希米恩，因为本·威尔森，最好的球员才能穿25号球衣。头号人物得到25号，然后其他人再选。在新生入学典礼上，他们发给我一本关于本生平故事的书，关于他的一切，甚至还有他在校外被杀的内容。本·威尔森本该成为最好的球员之一。我记得我读过这本书，但作为篮球项目的一部分，我会听到一些故事。这位半神及他的故事和成就像一个传说，让我希望自己不负众望。

作为新生，我总希望拥有一个亮眼的首秀，每个人都能从中看出某个新生是否不过如此。我记得我在谢隆·科林斯新生时去看过他的比赛。当时我八年级，我心想："该死！他太厉害了。明年我要和他比赛？"他不是得分机器，但是在芝加哥有很多健壮的球员，一个孩子能顶住在校队打球的压力，你就知道他确实有水平。作为新生，他就能在场上自如地控球，这很少见。不过，我会希望跻身那些凤毛麟角的翘楚之列。有些人没有如我走得那么远，但在高中他们是传奇人物。

新生年已经够难的了，但如果再加上初恋，就会让情况更糟。我的初恋是一个名叫玛丽娜的女孩，她最后背叛了我，和一个我认识的人搞在一起，那家伙的亲戚是我队友。这真的令我心碎，我不吃不喝，一个星期都吃不下饭。我没有哭，但是我吃不下饭。我很伤心，只记得那些糟糕的感情。我还在训练馆就此发誓。"好啊，你背叛了我！一旦你在电视上看到我，我希望你好好想想这件事。"这只是我高中时的愚蠢想法。我知道现在听起来会觉得蠢，但我就是这么想的，也是这么度过的。

从这个时候起，有点奇怪的是，我爱上了路虎揽胜。我知道这听起来很怪异，托尼在波士顿进入联盟后，他把他的揽胜留给了弟弟莱恩，所以高中时，莱恩常常用揽胜接我们，就这样我爱上了它。我梦想有朝一日能拥有它，这会很特别。事实上，在我入选 NBA，拿到钱后，我买的第一样东西就是揽胜。好吧，应该说是给妈妈在霍姆伍德买了套房子之后，她想离朋友和她认识的可以聊天的人近一些。最重要的是，我一直想要一辆揽胜，这是我的梦想。我花钱很谨慎，有了一支亲如一家的卓越球队，理财是最重要的事。我的金融顾问和两家银行协同工作，三者互相监督，我负责统筹。我参与其中，但我也依靠专家，我还投资信托基金，在钱上我没有冒过很大风险。

总之，话题回到希米恩。在我的新生年，我们赢得了市冠军，但我没能去州南部为州冠军而战。时任教练汉布里克规定，高一新生不能参加校队，我知道他不会因为我改变规定。我原本有机会随队出战，但他称，球队没有我也不错。这令我失望，因为我为了兰德尔去了那所学校。次年，罗伯特·史密斯教练接管了球队。我六年级时，他看过我打球。

史密斯教练告诉我，他最初认为我六年级的队友博比·特林布尔是最好的球员，因为他包揽了全队的得分，他意识到我不一定要得分。我高中四年级时球队夺冠了，我记得我在决赛中只得了两分，其他队友都受到了关注，这让我很开心。我知道我是球队一员，他们一辈子都会记得球队赢下了这场比赛，我为他们感到高兴。我还感知到一件事，我觉得在一名球员做动作之前我就知道他要做什么了。这使我对比赛产生了完全不同的看法，我猜这就是我得到这么多助攻的原因。

高中时，我不是控卫，而是三号位。我的职责非常接近贾巴里·帕克后来所做的一切，只不过我是以 1.91 米的身高做这些的。他打的战术我也打。下掩护卷切、空接、肘区策应和单打。作为三号位球员，我还能运球。我们拥有一个高度适配的阵容。兰德尔担任控卫。我过去的打法要收敛得多，在我打 AAU 联赛时，哥哥雷吉让我改打控卫，我的比赛风格完全改变了。就像我说的，就是在这时候我发现了不同的自我——1 号，得分手。

在希米恩，我新生年的第一场比赛很重要。太可怕了，不过一旦我沉浸其中，一切恐惧都消失了。我们击败了索恩伍德，然后我们由此出发。我们经历过很多有趣的比赛、较量和对抗，有些则没那么有趣。到了大学，你会更出名，在联盟里也更富有，但是没有什么比高中那些竞技比赛更棒的了。最终，比赛打得多了，你开始忘事，然而那些高中的对抗是难忘的。

高中二年级，我们在分区赛经过双加时赛输给了博比 · 弗雷泽领衔的兄弟赖斯高中。他们欺骗了我们，在几乎所有人都被罚下之后，我们又被吹罚了罚球线处的一个犯规。那是一场恶战，我记得双方在攻防两端都打得很好，比赛很激烈。

记得选秀时，我准备去芝加哥或迈阿密。我心想 ：“我要么在家乡打球，要么在迈阿密与德维恩 · 韦德联手，我不能输。”作为球员，我从不认识韦德，也从未听说过他。我是芝加哥人，我在芝加哥从未见过他。这不是冒犯他，在成长过程中，我听说过威尔 · 拜纳姆、肖恩 · 多克里、帕特里克 · 贝弗利、谢隆 · 科林斯，还有乔恩 · 沙耶尔，那个去了格伦布鲁克北高中的白人男孩。真正的斗士，但是抱歉，没有德维恩·韦德，尽管他成长得优秀。

高中三年级，我们夺得了市冠军，竞争很激烈。沙耶尔在最后四场比赛中场均得到 50 分，但我们最终战胜了他的球队。帕特里克·贝弗利，他很了不起。你看他现在在联盟里有多强硬，他不畏惧任何人。你越强，他给予你的考验就越严峻。有一次，我们在芝加哥州立大学与贝弗利领衔的约翰·马歇尔高中（我们称之为马歇尔）打过一场表演赛，他们以 20 分的分差击败了我们。比分并不接近，他们痛扁我们 20 分，贝弗利像现在一样喷了一些脏话，当时甚至更脏。我的天哪，他们血洗我们 20 分，我们最终却在州级比赛中与他们狭路相逢。

我不知道你们是否知道这一点：因为一些古怪的高中因素，他们让两个城市队互相比赛，所以不再有两支芝加哥球队在南部争夺冠军。那一年，我们在一场低得分的比赛中击败皮奥里亚里奇伍兹高中夺冠，这是希米恩高中自 1984 年以来的第一次。

那一年，我们打败了沙耶尔领衔的格伦布鲁克北高中。沙耶尔是真正的篮球手，我们对阵他们时，我们清楚这会是整个联赛中最难啃的一场硬仗。我记得我们全队必须时刻意识到他的存在。我感觉有一场比赛，他半场就得了 50 分。很多芝加哥人认为白人孩子打不好球，但是打 AAU 联赛时，我会去全国各地，这使我大开眼界。回家后，我不会告诉任何人："那个艾奥瓦州的孩子把我打爆了。"这种事我会秘而不宣。

我不会以任何人的长相、肤色或者名字来评判他们。只要你在场上，我就会尊重你，就是这样。这就是为什么篮球场是个很棒的地方，世界就该是这样的，直截了当地对待他人，然后握手。在场上，我们明白我们应当怎么对付他们，因为对手所有球员都打过 AAU 联赛。我们了解他们是什么类型的球员，也了解沙耶尔的实力。

之后我们的对手是马歇尔高中，我们最终打败了他们。我记得我走到贝弗利身边说："大学好运。"他四年级生活即将结束了，这是他的最后一场比赛。在他们痛扁我们之后获胜真的很甜蜜，这就是我在高中时喜欢的那种对决，这就是我喜欢的那种垃圾话。我不会在比赛中向对手喷垃圾话，我喜欢谈论最后的比分。

我记得我们击败摩根公园高中的比赛，很可怕。当我们走出球馆，一群戴着滑雪面罩的人正等着我们出来。我们在他们的学校，所以赛后发生了很多事情。一场打斗爆发了，我看到所有人散在各处，用拳头痛击对方，踢打对方。不知怎么的，我最终加入了打斗。我和兰德尔在一起，后来我再看到他时，他捂着鼻子，嘴巴被打烂了，这真是一个疯狂的夜晚。但有时，这就是公立高中联盟的现实：彼此过于针锋相对，弄得局面一发不可收拾。

我只在两支 AAU 球队打过球——恶街快车队和我原来的法拉利队。我离开法拉利队之后，哥哥组建了恶街快车队，这基本上是我的球队。哥哥雷吉希望我拥有一个平台，他不希望我在一支新的 AAU 球队中摸爬滚打，所以他去找了当时已存在的恶街队。他说："听我说，我有个弟弟，他是一名很厉害的球员，你们能不能组建一支二队？”如果你足够优秀，他们就会支持你，但如果你不够优秀，一切都白费。

恶街快车队的后场球员是我和小埃里克·戈登。我们赢得了 Peach Jam 锦标赛冠军，这是全世界规模最大的 AAU 锦标赛之一，而且我们是该赛事首支在参赛第一年就夺冠的球队。

大学择校时，我们差点都去了印第安纳大学。戈登舍弃伊利诺伊大学，我准备和他一起加入印第安纳大学。在我即将做出这一决定时，我和妈妈聊了聊，可她说：“睡一觉，明天醒来时你就知道该怎么做了。”第二天醒来，我觉得更适合我的去处是孟菲斯大学。

北卡罗来纳大学一直是我梦想的学校，博比·弗雷泽是其中一个原因。由于他去了那里，这表明：“天哪，他们在关注这里的孩子。”你明白我的意思吗？这在我看来，如果他们关注博比，他们可能看到我的比赛，所以我想也许我可以去那里。

我收到的第一封大学来信是康涅狄格的。是的，太激动人心了。我把信挂在房间里。招募是疯狂的，但对我来说并不糟糕，哥哥处理了一切会面事宜。但麻烦还是有的，我记得那时我去市中心参加一个派对，我们在凯悦酒店过夜。半夜醒来，手机一直在疯响，哥哥说：“嘿，快回家！”

于是我在半夜赶回家。那时候我们住在塔尔曼街，一个白人跳下车，问我嫂子为什么小埃里克·戈登的名单上划掉了伊利诺伊大学。她很害怕，以为他想伤害她。于是她打电话给哥哥，说有人袭击她。她还说有人过来开价，说一些关于付钱的事。

但不是卡利帕里教练，他的做法简单直接。举个例子说，他来到了我家。伊利诺伊大学的布鲁斯·韦伯绝不会这样做。实际上，卡利帕里教练是第一个来我家的，开着一辆悍马。我甚至不知道孟菲斯在哪里，那里也没有家人。但我去参观了孟菲斯大学，了解了卡利帕里教练的体系，我感觉我可以和那些年纪大的人相处得很好。

我从电视喜欢上北卡罗来纳大学：杜克大学和北卡罗来纳大学的比赛以及北卡罗来纳大学的丰厚遗产，促使我想去那里。我的名单是北卡罗来纳、加州大学洛杉矶分校、印第安纳、堪萨斯、孟菲斯、德保罗和伊利诺伊。

哥哥不希望我去参访加州大学洛杉矶分校和北卡罗来纳大学。我想他可能认为我会马上做出决定，而他则希望我考虑一下再做决定。他真的让我能掌控自己的人生，而不是相反。人们总认为我的家人为我做出了决定，我一直坚决否认。

年少时，我迷恋北卡罗来纳大学，我告诉所有人我会去那里。伊利诺伊大学让我抓狂的是布鲁斯·韦伯不肯来我家，我可能不会去那里，但是我想他害怕来我家是因为我的社区。对我来说就是这样，所以它们从我的名单上消失了。我心想：“为什么总是要我过去见你？”

卡利帕里教练是我去孟菲斯大学的最大原因。

他有口才，但他对我很坦诚。他告诉妈妈，我得做我必须做的事，不然在他的球队待不久。我敬重他对待妈妈的方式，好像他认识妈妈已经20年。看到一个如此坦诚的白人是很有意义的，对此我怀有极大的敬意。

我不是在白人身边长大的，第一次和白人孩子上课是在大学。所以一个白人走进我家，与妈妈聊天，让妈妈知道他的来意，并对她表示尊重，这意义重大。我也有同感，他为人正直，说到做到，我很尊敬他。

我知道有些人非议他，但是他对我一直很真诚："你不做你该做的，你在我队里待不久，孩子。"如果我没有去孟菲斯大学，很可能选择印第安纳大学。在我参访孟菲斯大学之前，我真的没想到我会进入这所学校，它太有家的感觉了。

他们有年龄较大的球员，更加成熟。球队有关注的重点，看上去每个人都有共同的目标、共同的使命。我回到家，妈妈让我睡一觉，她说："我不想现在知道，明天早上再做决定吧。"反复思量，我很纠结是否要去印第安纳大学，我知道 EJ（小埃里克 · 戈登）将去那里。事关重大。一觉醒来，我心里想的只有孟菲斯大学了，于是就下楼告诉妈妈。她虽然有点吃惊，但是她知道我已经想清楚了。入学后，我们一路晋级冠军赛。

高中三年级，球队赢得了希米恩高中多年来的第一个冠军。就像我说的，这是一场低得分的比赛：31 比 29，我命中了绝杀球。打平时，他们准备发球。我旁边的是德克斯，他是我们防守最好的后卫，擅长干扰对手。最终德克斯偷走了边线球，他把球递给我，就像橄榄球赛中的手递手传球。我记得一开始我很紧张，做了一个跳步，心想：来吧。

我记得事后史密斯教练说：他扭头对板凳席说，我们要赢了，因为我跳步的方式和我的表情。实际上，我很害怕，有点像迈克·泰森害怕进入拳台的样子。除非某件事你已经做过一定次数，否则你就会紧张。我现在不会了，不过年轻时会。

跳步后，紧张感消失了。我想："我得采取行动了。"我已经进入进攻模式，尝试投篮。出手后，我心想："天哪，我做到了。成功了。"一旦我命中关键球，执行一个战术，或轻松上篮得分，没有什么比这更好的了。跳步就是我采取行动的信心。

我记得他们当时的防守策略，整场比赛他们都在打区域联防。当然，我会走左路，我是习惯走左路的右撇子突破手。那记绝杀球跟我公牛时期在2011年圣诞大战绝杀湖人的一样。那场比赛是NBA停摆结束后的第一场比赛，一记抛投。当时我心想，如果我能突破进去，就可以抛投，命中率会很大。

高中四年级，我们又一次打进州决赛，这很棒。但我同时想到了肖恩·利文斯顿，想到他是怎样两次夺得州冠军的。在芝加哥，人们常常对我说起那些前辈，我始终在追赶他们。所以我在想："伙计，我们得弄两个，成为第一个拿到两个州冠军的芝加哥球员。"

我们夺冠了，并且那赛季有很多重大的个人对位赛。我们在橡树山击败布兰登·詹宁斯的球队，在拉斯维加斯输给奥文顿·杰安东尼·梅奥的球队，在麦迪逊广场花园输给肯巴·沃克的球队。那场比赛最后一攻我传球给队友，他投丢了。这是我的错，我是高四球员，我应该出手那一球。就像我在孟菲斯大学时，我们在决赛输给堪萨斯大学。

我记得我举起手——我丢了一个罚球，是我的错。

卡利帕里告诉我没这回事，但我从不回避任何这样的问题。一场糟糕的比赛，一个糟糕的错误。我感觉我从错误中吸取了教训，但是后来效力公牛时，我又犯了类似的错误。那是 2015 年季后赛一场客场对雄鹿的比赛。我们最终赢得了这轮系列赛，但我使球队输掉了一场比赛。贾森 · 基德正在执教雄鹿，他设计了一个战术，杰里 · 贝勒斯在最后时刻上篮绝杀。责任在我，我知道。所以我现在是个较好的罚球手，一个原因就在于此，就在于孟菲斯的那记丢球。错误始终比制胜球更令我难以忘怀，失利甚至更加刻骨铭心。每个夏天，我都会努力提升自己，因为一旦我错过比赛，就会让我的球队付出代价。多滑稽啊！

这也有助于我为其他事情做好准备。高中时，我们在芝加哥战绩斐然，球迷所做的有点像我在公牛末期的情况：否定。高中时他们就这样对我，因为我们赢得太多了。我记得我对高中队友说，比赛变成我们对抗全世界。看到那些人都在为你喝倒彩，处境真的很难，但这就是现实，我在公牛也经历过。没人希望在自己的家乡被嘘。我记得勒布朗 · 詹姆斯去热火后，一夜之间也成了这样。当时我还在想，看到一个人在自己的家乡被人背叛，该有多悲哀呀。于是我开始思考我如何应对这种情况。

后来我就碰到这种情况了。有时，应对得并不好。

SAT（高中毕业生学术能力水平考试）的争论是高中生涯的一部

分。每个人都对它得出这样或那样的结论。最让人伤心的是，NCAA（美国大学体育协会）剥夺了锦标赛成绩，我孟菲斯的队友受到了影响。经历这种审查，我看到了大学入学制度在某些方面是如何区别对待的。

没有难度，也无须帮助，我通过了孟菲斯大学第一学期的考试。我只想打球，并且准备好了。高中时我总能通过考试，从来都不成问题。我记得有一个学期我的 GPA（平均学分绩点）超过了 3.0。只得过一次 F。我的想法是："我要进联盟，我不想要学位，不过有人在这方面赚了不少钱。"

但有人认为："他很笨，他是这样的，他是那样的。"

一个学期，无须他人，我搞定了。我的成绩一直很好。对我和许多跟我出身相同的孩子来说，现实是并不像其他地方那样有备考。我们的学校很少为你的大学入学做准备。你经常听到，因为学校不同，那些考试也有区别。希米恩高中不是垃圾学校，我们上过备考课程，但为了进入 NBA，我需要考上大学。这就是像我这样的球员的看法。

接下来会发生什么呢？靠这些打球的孩子赚钱？剥削？拜托，伙计。在我经历这一过程时，我想说说芝加哥的情况，并控诉他们那样做。"你们所做的是错的，绝对是。你们很早以前制定的规则，现在已经不合时宜了。"那时大学没有数十亿美元的网络转播合同，那几十亿美元哪里去了？他们拿那些钱干什么了？没有给球员，也没有用于下一代球员，帮助他们考入大学。

学校呢？钱不会进入学校。如果真是这样，情况就会完全不同。那将会有更多的奖学金、学费减免。也许那些不从事运动的孩子上大学就不用花那么多钱了。可是，钱用在这方面了吗？

我认为重要的是让人们知道，入学时我做足了功课。我不是说我是最聪明的，但我一直能拿 C，有时 A、有时 B。还有一些很棒的老师。

在高中时期，我喜欢上了历史以及阴谋论。布林克利夫人和哈利夫人是很特别的人。布林克利夫人教授非裔美国人历史，但在她的课堂上，她经常讲政府的事情，比如政府如何在各地装摄像头和大屏幕。我记得，她告诉我们，在大屏幕普及之前，他们就在墙上安装那些巨大的平板屏幕，并在里面安装摄像头。你最好小心，因为人们、政府可以监视你。我不知道该信什么，似乎有点不对劲，但听起来很有趣。我没把这太当真，不过跟很多人一样，我喜欢谈论阴谋。最近，我读到一个故事，是关于某国在电视和电脑里安装一些东西，从而他们可以追踪你。是真的吗？我不知道，可能不是。不过听起来是个不错的故事。

布林克利夫人后来死于癌症。但是这样的人对你的人生有特殊意义，他们让你思考，让你开始审视世界，并让你挑战自我、反思自身。她是第一个在课堂上引起我注意的老师。我并未意识到我喜欢历史，但她讲解历史的方式十分生动且循循善诱，就像给你讲故事，让你拓宽思维。

设身处地想想我们必须经历的一切，以及那些像我一样的人每天遭受的困境。我连上学都有难度，你却问我统考的事？我前晚被蟑螂叮咬，考试时瘙痒难耐，又如何考好？我是说，有时，我不得不考虑如何才能睡好觉，又如何能关注学业？

我喜欢这样的情况：现在早上我们可以和儿子争论他要吃什么，煎饼还是华夫饼。我小时候，早餐没得选，只有烤面包。所以我很幸运，也很感激儿子所能拥有的一切，他受到关怀和疼爱，无须有任何顾虑。如果坏人无数次地拿着棍棒出现在门廊，就像你在电影里见过的。在这种家里，那些事会让你深受其害，孩子不应该经受这些。

我总觉得只要我通过最后的考试，我就没事了。这表明我对每件事都很关注，意味着我可以做，而且我确实做到了。篮球很重要，但我不能不认真对待学业。如果我通过那场考试，这表明我没有胡说八道。我通过了。确实，我有时会不做作业，但我的课堂表现还可以。有时，老师会因为我的作业问题给我 D。老师说："嘿，你这个聪明的家伙，因为你不做作业，我得给你 D，不过你能通过考试。"

作业从来不会耽误我打球。进屋，放下书包，出去，到球场一个人投篮。如果球场上有积雪，我会先把雪铲掉。如果有人玩骰子，我会过去一起玩。或者给汽车加油，因为我们需要钱。我一个人做这些事，直到妈妈回家，有时妈妈会在比赛现场等我，和我一起走回家。这就是我的生活。

听着，如果没有"One-and-done"规则（读一年大学再进入 NBA），我早就进入联盟了。你以为只有我这么想吗？起初，我不确定我是否会在孟菲斯大学待一个赛季，但卡利帕里教练在那个赛季说：

“我会把球队交给你，按照你惯常的方式打球，我们配合你。”然后大家开始这么打。我唯一担心的就是上大学，开始打球并度过第一个学期，我适应得很好，我要进联盟，这就是我的心态。

6

美好的孟菲斯大学时光

我从未遇到过什么大的种族歧视、任何像那样的争斗。但是你能感觉到，黑人去一些地方，会遭遇无声的种族歧视。比如，我无法在芝加哥市中心给女朋友买个门面开店，他们不希望黑人进来。他们不能那么说，但你知道原因就是这么回事。在孟菲斯大学发生过一件事，不是什么大事，但仍然表明这个国家的一些现状。

刚入学不久，我返回宿舍，路上遇到一辆皮卡，里面有三四个白人男孩。我记得他们在我后面开得很慢，一开始他们轻声说："怎么样啊，黑鬼？"我想他们三四个人在笑，也许是想看看我的反应。我表现得好像没听见，继续走着。一个人提高音量说："怎么样啊，黑鬼？"我听见他重复了一遍。我只是看着他，继续前行。因为我来自芝加哥，我们可不是好惹的。如果你想惹事，就放马过来吧。所以我一直走，随他们去说。在那里，我真的只经历过这一件事。

我从来没有对任何人说过什么，但你知道，在孟菲斯大学，那些对我说这些话的人不会来芝加哥，也不会来我的社区，这就是为什么种族主义都是窝里横的懦夫行径。芝加哥也有这种家伙，他们只会互相残杀。

我有过类似的经历，但是我一笑置之。我想让你知道我理解，但每当看到种族主义，我都会采取积极的行动，因为我觉得他们的灵魂是黑暗的，我周围不需要这样的能量。我不会说什么，因为四五个人对一个，我只是继续走我的路。

不过，我看到你们的脸了，所以如果有一天我看到你们中有谁在没有你们保护的情况下行走……你懂的。但是，我从未因为参与打斗惹上麻烦。然而，当你看到像警察暴行这样的事情，即使坏警察里也有很多好警察，你依然很难缄口不言。

一旦开始更深入地了解孟菲斯，我总能为身在其中而感到自豪。当然，那里有国家民权博物馆，因为那是马丁·路德·金遇刺的地方。但那里也是他为他的人民奋斗的地方，是他支持清洁工为争取更平等的待遇而罢工的地方。又一个伟大的非裔美国人，一个真正关心他人、为他人牺牲自己的人。这让我想到了亚瑟·阿什，他是我心目中的一位英雄。他的英年早逝真是悲惨。

除了高中的兰德尔，跟我关系最亲密的队友是乔金·诺阿。说到乔金·诺阿，我又要提起亚瑟·阿什了。很多人不喜欢乔金·诺阿，因为他们认为他身上有一些不好的东西，或者觉得他太直言不讳，诸如此类。对我来说，我了解他的一切，我能够尊重他的为人处事，这背后有个很棒的故事。我真的希望儿子 PJ 长大后像乔金一样。你知道，他是一个自由的灵魂、一个充满爱的人。乔金热爱人们，他恰恰是一个好榜样，他的故事很特别。

他的爸爸在还是孩子时被亚瑟·阿什发掘。亚瑟·阿什把他从家里带走，送他进入学校，一所网球学校。有一天我问乔金："你爸爸真的认识亚瑟·阿什吗？"我打过网球，而且打得很好，如果你是个非裔美国人，并且打网球，亚瑟·阿什一定是个英雄，就是这样，你明白了吧。乔金的爸爸被送进学校，他们告诉他家人，他们会照顾他的，他家人同意了。这可是让一个陌生人把你的孩子带走啊，真是历史性的。

想想乔金。作为富二代，他爸爸是个大明星，富有且有名，但他一点也不希望与这些扯上干系。他想的是："不，我在干我自己要干的事。"在他很容易就可以靠爸爸活一辈子的时候，他自己已获得多份合同。他的爸爸本可以为他安排工作,但是他不想那样。他有自己的个性，这就是我喜欢乔金的地方，他靠自己开创事业。这也是我对儿子的期望。我会问乔金一些问题,这样我能听到他年轻时是如何做到的。如此，作为 PJ 的父亲，当他在做他不该做的蠢事时，我能够予以指出。乔金如实地讲述了他所经历的一切，他可能不知道我想得有多深远，但我喜欢他的坦诚，喜欢他在某些事情上对我的信任。

亚瑟·阿什参与了一项他们甚至不想让他参加的运动，正是这种灵感驱策着我。毕竟要参与这项运动，你必须有钱。那么你怎么知道自己足够好呢？你明白我的意思吗？他很棒。更重要的是，他关心他人，他以自己的方式做自己的事，试图改变世界，这些都是我敬佩他的地方。后来他感染了艾滋病，他一心想着帮助他人全面了解这种疾病。他还为民权而奋斗，为南非和种族隔离而努力，一个多么卓越、多么伟大的人啊！

以前，我常常和乔金谈论他爸爸在温布尔登球场以及亚瑟·阿什的事，由此我们聊到了非洲、世界，以及民权，我们几乎没有谈及篮球。我们谈了很多关于移民的话题，因为他妈妈来自瑞典，还聊过这里的医疗问题。我觉得亚瑟·阿什所做的一切都是完美的，他在帮助他人。他热爱网球，可他在 50 岁左右就去世了。他接受过一次手术，最终死于艾滋病。为什么是他？

这些都是我听说过的人，我知道我不能放弃。

我在纽约的赛季很艰难，有一次我没有事先告知任何人就回到家里，我知道我搞砸了。责任在我，这是我不得不接受这些底薪合同的原因之一。我知道有些球队因此对我有些看法，没关系，责任在我。再说一次，有些东西我必须展现。不过那个赛季，我们在华盛顿时去了新建的非裔美国人博物馆，在博物馆开馆前，进行了一次特别的参观。

想到这件事，我依然百感交集。我很少崩溃哭泣，除了外祖母去世，我因膝伤住院，也许还有本杰明·罗伊·阿姆斯特朗打电话告诉我公牛把我交易到尼克斯的时候，不是很多。但是在那家博物馆，我哭了。有时候我会跟别人说起这件事，然后开始哭，哭得上气不接下气，这太令人惊叹了。

对我来说，走进那个地方，身在其中就会情绪激动，因为我被伟大所包围——真正的伟大，但是，他们不得不经受苦难，却从未得到过公平的机会，这让我很受打击，因为有人总是试图掩盖这个故事。土著美国人、非裔美国人，我们国家如此对待人民，令人蒙羞。你可以近距离观察这些人，看看他们如何努力地工作，以及他们受到怎样的对待。

这很具有感染力，也激励着我。

我看到纳特·特纳的《圣经》和那些女奴，她们没有可用来写字的东西，如果主人看到她们在写字，就会杀了她们。所以她们常常揪下自己的头发，用其在布上绣字。最突出的一个物品是拍卖台，现在想起来我依然会发抖。卖人！你能体会到我的心情吗？我可以打篮球，展现我的才华，可是看看这些人经历了什么，整个国家都是靠这个建立起来的。这种情况持续了太久，南北战争之后，他们仍在制定法律，使奴隶不能投票，处以私刑，诸如此类。

若你们不能直面自己的真相，何谈多伟大？这就是美国吗？

我没有亲身经历这些，但我完全理解。因为我不会和别人说这些，我克制着这种感情，但这有助于让我知道我是谁。环顾当下，即便是我，我有钱，但在购物、身处某些店铺，当周围有白人在场时，我依旧能从气氛中感受到他们受到了惊吓，仅仅是因为我的外表，或者是因为我现在的头发很长，几缕头发遮住了脸。你可以在新闻里听到人们报警的故事，只是因为他们在家附近看到一个黑人。至于吗？

我会去逛街，店门口有人，保安，他们不认识我。我走进来，我可能看起来像个流浪汉，因为我很多时候都像个流浪汉，或者训练后邋里邋遢的，而且我没有那么高，看起来像个普通人。他们认为我不应该出现在那里，于是他们四处跟着我，一直跟着我，监视我，看我会不会碰什么东西，心想："他不会穿什么吧！哦，不！"

然后就是："德里克 · 罗斯，是你吗？"

我一笑置之，但这是个严肃的事，它依然说明我们国家存在一些问题，也让我对发生的事情有所了解。这是成见，但是我不能受这种事的影响，我不能对任何人发火。嘿，如果你这样想，那是你的事，问题出在你身上。但是，我能买这双鞋吗？

这也是我爱我家的原因，他们并不喜欢我喜爱的东西。尽管看起来不太像，其实我很追求物质享受，这点我控制不了。我的家人不喜欢这些。我很追求穿着，会想要 150 美元的衬衫，但他们不会，这就是我喜欢跟他们在一起的原因。因为时刻处在 NBA 这个秀场，你可能会深陷那个环境，以为生活就是这样。

尽管我不常穿那些衣服，但我对时尚很感兴趣。我是个囤货族，我得到一个收藏品，比如某个品牌的收藏品，我只是收藏。所以说，买来，穿上，然后收藏几年，只是偶尔看看。多年后，当我再穿上那些旧衣服时，另一个对时尚感兴趣的人会说："该死，你保留了那么久？"我享受人们注意到这一点。

我还喜欢简约。我的东西不会在背后印着古驰，我希望我的东西不招摇。我的风格？我喜欢悠闲的样子，不过有时可能会很浮夸。我不会穿得像拉塞尔 · 威斯布鲁克，但我会穿一套简约的衣服，配一双花哨的鞋子。我要用鞋子来代言。鞋子要闪亮，或者与衬衫很搭。要么衬衫很花哨，而下身很低调。简约的牛仔裤，简约的鞋子，但是衬衫会代言。像这样的穿搭，就是我展现个性的方式，低调，但不是真的低调。还取决于我的感觉，取决于当天过得怎么样。高兴就明亮，与孩子在一起就花哨。如果心情暗淡，穿某些衣服还有什么意义呢？我还有西装，刚买了九套新的。我会穿西装参加银行会议。

衣服是唯一我真正喜欢花钱的东西。NBA 球员很有钱。我知道有人会花 15 万美元买一块表和一条链子。我可能会那样花钱，但更多的场合是像 2018 年夏天与家人旅行时，我们一行十二人去纽约看杰梅因·科尔的演唱会。我喜欢看到那种才华，展现了他为他的技艺所付出的时间，这赋予我力量，并激励着我，必须尊重这一点。同时，一旦我用钱为我自己做一些事情，更像每个人都会有的经历，让我感觉很好。我们日后可以一直聊这件事，然后一起回忆，就像我们以前欣赏的其他演唱会一样。演唱会很燃爆，我们很享受。这种时光是无价的，你无法用钱买到。

购买手表或链子没什么问题，别误会我。每个人都有自己的爱好。如果我是个普通人，我宁愿把钱存起来，而不是花掉。我存了很多钱，工作也足够努力，所以有时我会花上一笔。除了衣服，我真的没有什么奢侈的东西。我确实有阿迪达斯这一品牌的收藏，后来我想推出一个像斯特拉·麦卡特尼那样的女装品牌，和我一起去中国的人大多数都是女性。但是当下，我对时尚的喜爱还无法超过篮球，篮球现在是第一位的。为了我的孩子，我必须为篮球倾尽全力。

我从来不想让妈妈难堪，所以在公牛期间，一张照片从孟菲斯大学流出，称我在做“黑帮门徒”的招牌手势，对此我很痛恨。实际上我没有在做黑帮手势，只不过看上去是这样。

我爱孩子，并且相信，是年轻人驱动了世界。我想成为其中一员，其中一个榜样。他们会看到一些胡说八道，他们马上就会注意到，并且会告诉你真相。我所做的是始终以身作则，这解释了为什么帮派手势完全是以讹传讹，但事实上，这并不是问题所在。

我这么做是想说：“嘿，我们是孟菲斯第一。”我做这个手势是在说：“嘿，小熊在孟菲斯打球。”就像在说我们在孟菲斯，从芝加哥一路走来，我们是第一。为来自芝加哥而骄傲。仅此而已。不过表达方式完全错了。

如果你想以身作则，那会很受伤。我吸取了一个很大的教训，但这对他们来说也是个教训：不要重蹈覆辙。他们可以看到，我并不完美；他们可以看到，即便有人在尽力，他依然可能犯错。不过，不要犯大错。我对这件事一直很后悔。

对于涉及我的任何不正确的事，我都会感到后悔，甚至包括在公牛期间遭受媒体诸多指责时我的态度，以及我应对这种情况的整个过程。我本该更成熟，可是那时候我太年轻了。

公平吗？这不重要。你必须以正确的方式应对，而我没有。仇恨是显而易见的。比如我加盟骑士重返赛场时，沙奎尔·奥尼尔、查尔斯·巴克利和 TNT 节目中的所有人都说我完蛋了，我的职业生涯结束了，我应该离开了。你可以看到仇恨。但是，我继续打我的球，因为总有人会恨你。孩子们都会经历被嫉妒或被仇恨的事，我想成为一个树立榜样的人。

然后，他们都说，“等一下，德里克 · 罗斯在 2018 年季后赛系列赛中表现得非常出色”“等一下,德里克 · 罗斯在 2019 年的数据很漂亮”。现在他们又在说些什么玩意？你们想的是篮球吗，还是个人问题？每个人都需要学会应对这种情况。

是的，所以我没在大学待太久，但我确实在那里学到了东西。孟菲斯大学时期是一段很棒的时光，有一个完美的赛季、出色的队友和卡利帕里教练。但最重要的是，我为自己感到骄傲，为我第一次独自承担责任而自豪。我必须通过那个学期，我做到了，拿到了成绩。没有任何麻烦，守时，总是出现在我应该在的地方。上课，全身心投入这项运动，我知道这听起来没什么，但于我而言意味良多。我经常在训练馆，这在某种程度上拯救了我，使我免于在外出风头或者深陷人群中招惹是非。

在我和球员、队友到那里之前发生了几次酒吧打斗，毕竟那是一个南部的地方。当时推特尚未流行，卡利帕里教练发表了一份声明，他在新闻上说，如果看到他队里有人出来，就给他发电子邮件。如果他们看到我们在俱乐部或任何地方，就在 MySpace（聚友网）上给他留言。如果球员想外出，大多数人都会跨河到密西西比。卡利帕里教练时刻关注着我们，确保我们不犯错。

对我来说，生活只有三个 G：女朋友（Girl）、训练馆（Gym）、比赛（Game）。这就是我如何远离是非的。不管怎样，我绝不是个外出搞事的家伙。这一点后来被媒体攻击，有点莫名其妙。最令人受伤的是我的家人听到有人诋毁我。家人知道我是怎样的人，他们知道我不具有攻击性，恰恰听到有人要杀了我之类的话，这令他们很伤心。没有人会想到这一层。这就是为什么我在公牛时，那种愤怒和攻击性又回来了。感觉不对，因为我觉得我必须保护的不仅仅是我自己，还有我的家人。

回到孟菲斯。那是一段很特别的时光，一个很特别的赛季。我们以 26 胜 0 负开局，排名第一。小地方，没有人会料到，我们掌控着比赛。重大比赛，也是如此。我们去了纽约，在加时赛击败了我的朋友奥文顿 · 杰安东尼 · 梅奥。我记得的是我们席卷比赛的方式。我们打的每一场比赛都让人觉得我们是不可战胜的，而且我们觉得，卡利帕里教练完美地控制着球队。

卡利帕里教练激励球员很有一套，其中之一就是他知道我们都爱钱，所以他会在我们打比赛时大喊："Ka-ching！ Ka-ching！"（拟声词，提款机出钱时的声音。）还会谈论选秀、乐透秀的事。我相信在决赛前，只要我们在锦标赛中输掉一场，选秀时我将无法成为第一顺位。我觉得迈克尔 · 比斯利应该是第一，不过，一旦进入锦标赛，卡利帕里教练为我打开了局面。

开赛前，他把我叫进他的房间。我们谈了我的感受，像平常那样对话，他突然冒出一句："孩子，你要明白，我们希望你按照你平常的方式打球，否则我们就没机会了。"

卡利帕里教练的意思是按照我在AAU联赛的打法打球。他很少来看我高中的比赛，他招募我是因为他在AAU联赛中看到我的表现。他来看我高中比赛时说："这是什么玩意？你打的不是控卫，你没有持球，我们得改掉这一点。"

听他这么说，我很震惊，因为这是他唯一一次谈到让我掌控球队之类的事。通常，他会和克里斯·道格拉斯·罗伯茨谈，因为克里斯年龄更大，而且先于我加入球队，卡利帕里教练依赖他。听他这么说，好吧，我必须摆出我做好了准备，并将承担起责任的样子。我受宠若惊，但我做到了。

卡利帕里很出色，他仍与我保持着联系。有时他还会抛出点历史来激励我，我喜欢这一点。他总会讲老球员的故事，讲他们有多刻苦，讲他们有多热爱比赛。同时，他总是给球队营造一种"我们对抗全世界"的感觉，他深谙此道。无论这一年发生了什么，我们都觉得我们在与所有人竞争。整个赛季我们的排名都是第一，这就是原因所在。其他球队必须意识到我们的存在，也许他们不想，但我们会让他们意识到。我们来自一所名不见经传的学校，这是另一件驱动我们的事情。但我知道球队有多棒，我亲眼见证了。我不在乎别人说什么。我和队友们一起训练，近距离看到他们。这和我平时待过的球队很相似，像在芝加哥，队中也没有一帮大牌球员。

在锦标赛前，我们对阵田纳西大学，经过加时赛输掉了那场比赛。说实话，在那个赛季，我们从未想过会以这种方式输掉比赛。上半场大部分时间，我们保持着领先。这真是个意外。我们以为我们每场比赛都会赢。那天晚上，他们打了一场完美的比赛。球打得多了，有些夜晚就会如此。这恰恰是其中一个夜晚。

然后，在决赛中，我们输给了堪萨斯大学。这可能是我篮球生涯中最大的遗憾。一旦有人问我，我会说是这场比赛。是我投丢了一记罚球，让我们输掉了比赛，责任在我。

年少时，我赢得了所有冠军，似乎我的球队总在赢。我觉得在大学里也会如此，然后我一路打进总决赛，我会想："这次我也要做到。"进入比赛后，我心想："是的，做好我的事，我们拿下比赛。"我们领先，我命中一记三分，但他们改判为两分，这时我将那节比赛拖入后程，并得到孟菲斯大学 16 分中的 14 分。

我们领先，看起来我们搞定了。克里斯上前罚球失误，我上前，也投丢一记罚球。该死的马里奥·查尔莫斯投进了那记三分球。在此之前，来自克兰高中的芝加哥人谢隆·科林斯命中了一记关键球。我当时就觉得："好吧，我们要打加时赛了，我们应该会好起来的。"但在加时赛中，我们让胜利溜走了，比赛结束。我打满 45 分钟。

我只记得离开球场时，一路上的烟花把我烧得焦头烂额。太生气了，任何碰触我的人，我感觉我都会跟他们干一架。人们欢呼着，发生了很多事情。我感到迷茫，情绪失控。但是卡利帕里教练，我记得他后来告诉我们："伙计，我感谢你们所做的一切，我们打进总决赛，没有人想到我们能做到。在我们输给田纳西大学前，我们一直排名第一。"

我们不是一个罚球很好的球队，但是我们总会说，关键的罚球我们都能罚进，就像沙奎尔·奥尼尔经常说的那样。他大多数时候没能做到，我们那次也没做到，但比赛至少教会了我罚球的重要性，我从“魔术师”约翰逊身上也看到了这一点。他会检查他的罚球命中率，以及他提高了多少，他在谢幕赛季罚球命中率达到90%，这成了我必须马上训练的一项技能。在那次失利之后，我的罚球命中率再没有像大学时那么低过。受伤之后，我的罚球命中率提升到86%至87%，并且每个赛季都有进步。

我在那场比赛中投丢了一记罚球，事实上，如果我命中那记罚球，我可能就不会下功夫提升这一技能了。跟卡利帕里聊起这场比赛时，我说：“是我不好，是我不好。”

卡利帕里教练说：“德里克，看一下录像。我们原本会因为这个回合、那个回合输掉比赛的。”我很感激他这么说，但责任在我。这令我很难受，因为我从来没有在一支关系很亲密、超级亲密的球队待过，就像高中时那样。他们都是老球员，但是对我来说，来到那里，合拍得像一个大家庭。我喜欢那样，让人感觉就像在家一样。

更疯狂的是，我要做一件我从未想过的事——回到芝加哥，为我的家乡球队效力。

7

芝加哥公牛，梦起航的地方

我从来没想过我会为公牛效力。成长过程中，我不是任何球队的球迷。别误会，我为他们感到高兴，他们总能打进季后赛，不过我只是想着我的比赛。我没有考察他们，你知道，我考察联盟，就是为了看看我必须跟谁对位。2008 年，公牛没有打进季后赛，只有 1% 到 2% 的概率抽到状元签，所以我没太考虑回家乡打球。

然而，他们居然抽到了状元签。

但我并不认为我真的会成为状元，在孟菲斯大学的很长一段时间里，我一直在想也许我还需要两年才能进入联盟。发生了锦标赛等种种事件后，他们告诉我，公牛想要一个得分能力强的家伙，我以为说的是迈克尔 · 比斯利。听说他们不想要芝加哥的球员，好像在家乡打球压力太大了。有人说这就是为什么公牛在几年前没有选走迈克尔 · 芬利。后来，他成了全明星。

帕特·莱利和热火手握榜眼签，而且我知道，莱利喜欢我，所以我不确定会发生什么。有了德维恩·韦德，他们可能需要一名控卫。如果我去了热火，我家里没人会感到不爽。对我来说没什么两样：去公牛，还是热火？双赢，这就是我的感受。赢是因为我在家乡打球；或者赢是因为我能在热火与德维恩·韦德联手。

公牛有科克·辛里奇。我听说他们直到选秀前才确定。

当时我在想："别选我。"

你知道吗，选秀前我身在纽约，他们打电话让我知道，他们要选我？那晚，我得表现得很惊讶。可是拜托，他们说了我将是第一顺位之类的话，但我记得选秀前一晚，我和我的经纪人本杰明·罗伊·阿姆斯特朗在纽约吃饭。经纪人把电话递给我，我和加尔·福曼等人通了话，他们开始提起我哥哥的过去："你哥哥，他因为这个、那个之类的原因被捕过。"

我知道球队会做这种调查，但我不理解，我想的是："你们选的是我，还是我哥哥？"我哥哥和我在球场上的表现没有任何关系。我记得我起身走出餐厅——气愤。在桌边面露不悦，我随后走了出去，每个人都很困惑："德里克，怎么了？"

我让本杰明·罗伊·阿姆斯特朗告诉他们："那么别选我，我要去热火。如果他们对我哥哥生活中的事有顾虑，那我无可奉告。我没查看过我哥哥的档案，我什么也不知道。"我爱我哥哥，我不关心这个。

然后，他们选中了我。

很受伤，但一旦他们选中我，这些都过去了。

我不担心在芝加哥打球，尽管有人说这里有很多使人分心的事。我绝不跟很多人厮混，跟我泡在一起的人还是那些从六年级起就和我在一起的人。这就是为什么我说所有的一切都有朋友的陪伴；我一直与之保持亲密关系的人，都是我可以信任的人，他们依然陪伴着我。当他人在媒体上说我坏话时，都会传到他们那里，所以这让我很难堪。

在芝加哥，我最大的问题是没有自由去做我想做的事，总有各种条条框框冒出来。我不能去任何地方，做正常人，做正常的事。回想起来，我觉得在芝加哥打球还有一个问题，我浪费了太多精力。在我家乡打球，有些事无法避免。出门时，总会有人狂热地看着我，不是发狂，就是激动不已。联盟已经变成一个马戏团，但是联盟之外的生活，我可以应付。

在芝加哥打球，有一件大事，我觉得将给这里带来一个总冠军，我一直坚信这一点。迈克尔·乔丹花了多久？7年，他一直在追逐，我也一直在追逐。回想起来，我知道这会驱策我打好篮球，我就是这么想的。在芝加哥打球，时刻被人评头论足，被拿来与乔丹做比较，这会成为我的动力，成为我们的动力。人们会用以前的伟大球员评判我，对我来说，一直都是如此，而我们总是在赢球，所以这很好。这是一种持续的压力，而我对此从未在意。

直到最后。

只是在最后——在公牛的最后一年，我感觉这座城市对待我发生了改变。比赛时，我会听到平时听不到的喋喋不休。我努力不去听，但会嘀咕："等等，你说什么？'传球？'你是什么意思？"他们在看台上对我大喊大叫，我成了众矢之的。问题不在于我不得分，那支球队存在太多漏洞。

最后一年，我们有了一支全新的球队，新的主教练是弗雷德·霍伊博格，乔金·诺阿和迈克·邓利维都受伤了，并因此缺席半个赛季。吉米·巴特勒也受伤了，我俩打的场次差不多。受伤的还有保罗·加索尔，缺席了季后赛。"这都怪我？你们什么意思，怪我？"但这种应对方式是错误的。

通常，我很擅长处理这种事，但是最后一年，我感觉到了变化。晨报上刊登了几篇文章，一个和朋友一起看比赛并喝醉的球迷读到了，他说："哦，他表现不好，这就是那个混蛋如此糟糕的原因，他不在状态。"灌下四罐啤酒后，"是的，这就是你们那个混蛋不在状态的原因！混蛋！"

这就是当时发生的事。我听到了，看着人群心想："拜托，你甚至不是一个球迷，你来这里就是喷人的。"即便他们喝醉了或者别的原因，这依然很伤人。我很敏感，这是我最不想面对的事情，对此很敏感，可我知道我付出了多少，这确实很伤人没有人理解你付出了多少。

但是别误会，这只发生在最后一年，是我没有正确应对批评。我爱芝加哥，并且依然爱公牛，这就是为什么一旦我在芝加哥，我就会询问他们，我能否在那里训练。在其他地方，我不会这样做。在森林狼第一个赛季结束后，我在芝加哥逗留，去看望了杰里·莱因斯多夫，告诉他我很感激他为我所做的一切。我记得在我膝关节前交叉韧带撕裂后，杰里·莱因斯多夫来医院探看我的情况，他十分关心球员。如果说有什么不舍，我更多的是感伤，为了能够参加比赛，我不得不离开，远离我的家人和儿子 PJ。一切都将不得不改变，那是一段令人伤感的时光。

我喜欢我作为新秀加入的那支公牛。他们都是很有个性的家伙。别误会，公牛所有的队友都是出色的球员，只不过那时没有球星。热火有德维恩·韦德，但是我很幸运，因为公牛真的是一支很好的球队，有很多优秀的球员。在我入选之前，主教练被炒，助理教练接手，并且很长时间以来第一次错过季后赛，不过队内球员都很棒。

比如鲁尔·邓，他是个好脾气的人。鲁尔是第一个让我真正开始关照自己身体的人。他以前经常做一些恢复练习，即便他刚刚打了一场精彩的比赛——28 分，击败卡梅罗·安东尼，赢得胜利，随后他总会做些训练帮助他的身体恢复状态，无论是骑单车、重量训练，还是做高对比浴疗法。年轻时，我不理解这种做法，因为我很少去健身房，经常过门而不入。我都是在球场上投投篮，找寻我的位置。

所以看到他这么做，让我重新评估我作为一名职业球员所做的一切。我开始想："如果我是一名职业球员，我必须这么做，因为他就是这么做的。"也许，如果我能更早遵循鲁尔的做法，事情将会有所不同。我确实学会更多地了解我的身体，这一点也是我短期效力骑士时从勒布朗·詹姆斯身上学到的，他很注重保养自己的身体，他总是在早上做一些训练：重量训练、篮球恢复练习。他对一切都很重视，全身心投入。

15 年来，他一直保持着这种习惯，而我花了数年才养成自己的习惯。

做恢复训练，需要不同层面的付出，这就是为什么鲁尔 · 邓在湖人时错过一个赛季，然后还能回归赛场。比赛结束后，大多数球员会和朋友出去玩。在公牛初期，我会去俱乐部。一个自律的人会说：“我打算在家吃饭，看看电视。”而且还是星期五，没有多少人能做到。鲁尔 · 邓很特别。

这就是我认为不应该谈论其他球员的部分原因，不过我稍后会说明。受伤后，我的膝盖又接二连三地受伤，两次内侧副韧带撕裂，那也正是我的身体发生改变的时候。我心想：“我面前有这么多出色的榜样，鲁尔 · 邓、乔金 · 诺阿，他们都关注自己的身体，我也可以。”

我必须了解我的身体，学会我该吃什么、如何拉伸、如何做恢复练习。我的身体有所不同，我可能要比其他人多做三四倍的恢复训练。再加上伤病，现在我得做大量的恢复练习。甚至在手术前，人们就告诉我，我比别人需要更多时间恢复，因为我的爆发力比很多人都快。直到受伤后，我才注意到。我从来都不想把自己看成与众不同的人，但实际上，我比很多人都要快。我不得不以一种与其他人完全不同的方式保养我的身体，这是个惨痛的教训。

现在我一直坐在家里，你会看到我的 NormaTec 康复靴插着电源，到处都是减震区，我家里有整套训练装备。一整年，我试着整日尽可能多地进行恢复，所以第二天我走出去，不会感到乏力。一旦我干劲十足，我去吃饭、吃零食、坐在床上、看电影、做拉伸、打电话、视频通话，每时每刻都在做恢复训练，从我开始训练直到睡觉。在夏天，一训练就是一整天。

你看，没人真的想这么做。糟糕的是，早上起床时我感觉糟透了。就像赛季结束后，我休息一下，一两周的假期什么也不做。但我的肌肉马上就僵硬了。那么想象一下像这样一两个月会怎样？回归后，肌肉会疲劳，我需要激活一切。我会经常跳绳，做敏捷梯训练。只是试着保持我身体的某种状态，这样我就不必一次又一次地恢复体形了。我可以逐渐地恢复体形，保持某种体形。这是我现在的生活。

我从未见过本·戈登做重量训练。又一个很棒的队友，他安静，专业，是出色的射手，人也很好。公牛选中的每一名球员都很有职业精神，没有笨蛋。有些人在职业生涯中犯过错，不过你不必担心他们会破坏更衣室氛围，这样的球员是理想的队友。

我的确和本交流得不太多，但在场上，我们有一种默契。就像在我新秀年与凯尔特人的七场季后赛系列赛中，本命中一个又一个关键球。那是另一种兄弟，他会以我那种方式来打球。

我们相互依存。看到有人连续三次出手命中，我会说："我看到你了，看我的。"我和本就是这样。本很酷，脾气一直很好，很冷静，但他是一个兄弟。他能在任何人的防守下轻松得分，他们必须对他严加盯防。在比赛末段，我会因为他得到轻松得分的机会。对凯尔特人的季后赛第一场，我得到了 36 分。

本让我很轻松，我真的很希望他留下来。我不理解他为什么要以自由球员的身份离开，但各人有各人的想法。

我不知道这是不是谣言，但听说他希望拿到公牛报价的薪资，而不是离开，如果是那样，他现在可能还在联盟。他去了活塞，在那里没有上场机会。你可能有天赋，但你需要机会。这就是为什么我被交易到尼克斯后还不断努力。他本该知道在公牛，他们还是会用他的。当时我们需要他。

文尼·德尔内格罗执教下的第一个赛季，球队有点混乱。我想我也有部分责任，因为我被苹果刀割伤。有人告诉我这就是突破型后卫（slashing guard，slash 一词有“割破”之意，调侃罗斯割伤了自己）的新含义。挺有意思，不是吗？但这不是为了掩盖其他事编造的借口，我确实在床上被一把刀割伤。

我知道，这很愚蠢。

我当时在床上，兰德尔在楼上。我以前常买一些坚硬的太妃糖苹果。我正准备切开一个苹果，就把刀放在床上，把苹果拿到手里。然后我把被子往上一掀，寻找刀子，刀恰好在那里，它扎到了我。怪事一桩。我没告诉兰德尔，就这么走了。兰德尔进来，发现床上到处都是血，他说他以为有人刺伤了我。他说他一看到血就吓坏了。

但我知道没人会相信我。一旦这件事和我的名字联系在一起，就成了我职业生涯中的多事之秋，我不得不面对。我明白我的一些故事很离奇，我懂。

无论如何，我打电话给公牛和训练师。我缝了 10 针。有人说某个女朋友捅伤了我，或者一些类似的狗屁说法，但我真的只是在床上吃个苹果而已。我知道我不够聪明，但我从来没有和女孩发生过口角。

有趣的是，兰德尔是最放松和冷静的家伙，所以我只能想象他看到时有多惊慌失措，床上到处都是血，就像恐怖片。我恰恰驾车离开了。

那个赛季，我们只是在努力适应，包括我、以前发生的所有事，以及新教练，但我很感激文尼·德尔内格罗和其他队员。他和我的队友允许我克服错误，这对一名新秀意义重大。

文尼·德尔内格罗对我很好，本·戈登为我们得分，鲁尔·邓也是。那正是戴尔·哈里斯当助教的时候，他是第一个骂我的教练。有一天，在一次有关区域联防的会议上，他以为我在笑。他一如既往地发表长篇大论，说我什么都不懂，没有人懂。听说那一次他告诉约翰·帕克森，他写了6本关于区域联防的书，没人像他那样了解区域联防。

所以他骂我，但是，不是我在笑，是泰厄斯·托马斯。还是老一套，他拿我开刀是因为我沉默寡言。我认为他知道是泰厄斯·托马斯，但还是拿我开刀，因为他知道我不会说什么。

我记得那一年很酷。我们尽一切努力试图打进季后赛，我们做到了，赢得了与凯尔特人对决的系列赛，我站出来了，我们站出来了。

我们开局很艰难，但是我们通过交易得到约翰·萨尔蒙斯和布拉德·米勒后，那个赛季真的改变了，在那之后我们走上了正轨。约翰打开了进攻端的局面，他是另一个威胁，这也是我们所需要的。每个人都想阻止我上篮，我们恰恰需要有其他人和本·戈登一起得分。我觉得那时我们真的有两把刷子。

我不喜欢表现得咄咄逼人。在队中，我不是那个挺身而出并出手25次的家伙，我喜欢通过赢得队友信任而进入那个位置。如果你足够优秀，球就会找到你。比分胶着的情况下，有些球员不喜欢投篮。对我来说，我只希望打一场按部就班的比赛，我从来没想过立刻接管比赛。我的想法是："好吧，今年我有 82 场比赛，我得想办法挺过这 82 场比赛。"

我总被问到和文尼 · 德尔内格罗的第二个赛季，尤其是对阵太阳时我双手隔扣戈兰 · 德拉季奇。我跳那么高的原因是德拉季奇从我的左边冲过来，我害怕他从下面撞到我的腿，撂倒我。泰厄斯 · 托马斯把球向前长传给我。如果德拉季奇的确试图撞我的腿，我希望有机会抓住篮筐，用篮筐做支撑。实际上，他在撞到我时把我抬高了一些，我从他身上弹起，把球投进，还安全落地。年轻时，我经常练习扣篮。我第一次扣篮是在七年级，所以我练扣篮时日已久。我知道他撞到我时，我不必抓住篮筐。

第一个赛季，我只缺席了一场比赛，然后，就到了季后赛。这段经历很艰难，因为你不得不休息。可是你太年轻了，只想着在城里转转，尤其是第一场比赛我们在波士顿赢下了比赛。我承认，第二场比赛时，我感觉我的腿有点乏力。这就是他们所说的老将经验，老将知道分寸。

我因为得分更多获得了年度最佳新秀，但是我没有考虑我的年龄，也没考虑我太年轻了。我觉得我和你同在这个联盟，所以我们都处在同一层面上：NBA 球员。我不在乎你是否比我大。这就是我看待它的方式，我想这就是为什么我能在对凯尔特人的系列赛中做到我所做的，创下新秀得分纪录，要么是追平，诸如此类。

我看着统计表，我场均 14—16 分。再看另一边，某个家伙场均 26 分、28 分，但是我们同处一个地方。这就是为什么锡伯杜刚上任的那个赛季，我提到了 MVP 的事：“为什么不能是我？”在赛季前的那场新闻发布会上，我被问到此事，我记得我说：“我为什么不能？”我一直在和这些家伙打球，做着我所做的事情。我没有自吹自擂的意思，只是觉得我和其他人一样努力，全身心地投入比赛，在很小的年纪就为此做出了很多牺牲——太多了，我后来才意识到。

我知道我还能做得更好，我了解和我一起打球的家伙，知道如何防守他们。另外，我的球队要求我做很多事情，比我进入 NBA 时期望的还要多。这一直是我对待篮球的方式，不要退缩。

就像在生活中，不要问“为什么”，而要问“为什么不能”。

我很看重我公牛的队友，比如卡洛斯·布泽尔。布泽尔是我见过的最精力充沛的人。从早到晚，同一个人，吵吵嚷嚷，疯狂地握手，每天都是如此。我记得有一次，球队训练师弗雷德·泰代斯基正在给某个球员屁股打针。布泽尔以前常常在比赛结束前离开赛场，回到更衣室后，他经常偷偷溜进训练室找弗雷德吓唬他。所以那一次，弗雷德正把针头扎进那个球员的屁股，布泽尔偷偷溜到他背后，但他没有看到弗雷德前面有人。布泽尔吓唬弗雷德，弗雷德差点把扎在那人屁股里的针头弄断。我跟你说，弗雷德气疯了，每个人都很生气。这是我唯一一次看到弗雷德如此生气。他转过头，因为他不敢相信布泽尔居然敢这么做。确实很滑稽。

还有，布泽尔曾在自己的头上涂鸦。我们在波士顿训练，他走进更衣室，我们让他摘下帽子。这时我们看到涂鸦，天哪，看起来像有人在上面画的。他把他的头画上了头发。当光线照射其上时，真的很油亮。

文尼·德尔内格罗的第二个赛季，我以为我们开始有了进展。我入选全明星，但因为全明星周末前的那场比赛，我在空中被德怀特·霍华德撞翻，差点没能上场。我没跟他说过什么。我从来没有真正和人交往过，除了在场上打球和交流。在场下，我有完全不同的生活，而不是NBA那种生活。

我记得第二个赛季，我们作为一个团队走到了一起，一切都很有趣，并且我们意识到，我们可能有两把刷子。也许在你们看来不是这样，但我们有人。尽管骑士在季后赛的五场比赛中击败了我们，我们的想法是："还好！我们离冠军并不遥远。下一年我们会更好，离冠军更近。"只是进入季后赛，在比赛中，你可能会输掉一场比赛，但我知道自己拼尽了全力，只不过这样或那样的一个失误，让我失去了比赛。我记得在那轮系列赛中，有两场比赛都是由两分决定胜负的。经历季后赛，你们要么作为一个团队死去，要么作为一个团队成长。

正是在这轮系列赛期间，乔金·诺阿说了那些有关克利夫兰的话，大家都很生气。不过，这是件有趣的事。我跟乔金·诺阿一直是最亲近的，听到他那样说话总觉得很有趣。这是他纽约人的一面，我喜欢他这点。就像他说的"坚持，支持你，支持他"。他就像我哥哥一样。但是用"谁要去克利夫兰度假"谈及那件事，我会不由得咯咯地笑一下。我喜欢这件事，因为当你身处那样的战斗时，你还能指望什么？这是NBA，都是成年男人，不是高中篮球。如果你想给每个人都发奖杯，就看另一项运动吧。NBA：男孩止步。而现在不是这样，我有点怀念。

在那轮系列赛之后，我感觉有些事不一样了，好像我们的时代来临了。那年夏天，我没怎么休息，只是把自己关在训练馆里，一天两练。那时候我不怎么锻炼身体，只是做一些健身训练，纯粹是折磨自己。投篮，跑位上篮，努力完善我的技术。数小时地泡在训练馆，只是一味地练球。练习我的基本功，如试探步；做准备工作。我确实认为，在那之后，事实证明我们有了团队认同感。尽管我们那样输了，我们作为一个团队却走到了一起，意识到我们确实可能拥有某些有利条件。我们心想："还好，我们离冠军真的并不遥远，来年我们会更好，我们获得了那种认同感，正在不断成长。"

你总想和另一个伟大的球员一起打球。拜托，我的整个生涯都是在帮助队友得分。如果在那轮系列赛后我和勒布朗·詹姆斯一起而不是与2010年夏天的其他自由球员一起打球，我对此不会感到惊奇。勒布朗是一个不世出的球员。他身材高大，懂得如何运用自己的身体。他精于比赛，精于投篮，职业生涯的后期变得更加理智。现在，他打比赛就像在下国际象棋，他掌控着比赛，而我们认为他能做到这些事情是理所当然的。

我不是一个喜欢"如果论"的人，但是如果勒布朗加盟公牛，我想我们会赢得冠军的。我不知道能拿多少个，但我认为至少一个。冠军选项本已被勾选，这对我来说意义重大。那时我很想和勒布朗一起打球。我在骑士时，和他一起打球很酷。实际上，我去那里就是因为他的缘故。在经历尼克斯时期那些事后，我希望去一个我有机会再次赢球的地方。我有过一些机会去其他球队，也许可以打更多比赛，赚更多钱，但我想回到那种有希望的地方，我就是讨厌输球。

我知道我的批评者说，我不愿意和勒布朗·詹姆斯一起打球，我们无法融合，诸如此类。但是，我可以与任何球员一起打球。他和德维恩·韦德呢？他俩基本上都是突破型球员，但他们成功了——两个冠军，每个赛季都打进总决赛。人总能想出办法的。不过这不重要，他们早就规划好一起去热火了。在夏天招募前，你就听说，那个赛季三巨头要去热火。

德维恩·韦德总是很难缠，因为他知道如何造犯规。他不是一个射手，勒布朗·詹姆斯也不是，但是那些懂得如何造犯规的球员很难对付。他把你引到某个位置，到一个你认为他会突破的角度，然后做出出其不意的举动。他会后撤一步，用假动作投篮，让你跳起来。在比赛后期，他的打法是致命的。因为这种打法，他经常在第四节改变整场比赛。

那年夏天，公牛和许多球员谈过，但是我不太在意他们引入的球员是谁。我该说什么，“去给我招个射手，给我把德维恩·韦德、勒布朗·詹姆斯招来”？不，我喜欢德里克·杰特的做法。他没有招募球员，尽管我确实给公牛拍了一个视频，但从未被人提起过。杰特说他会做得更好，那是他的工作。联盟里有很多球员，都会是很棒的搭档。这是我的感觉，但我只是努力变得更强。

和拉塞尔·威斯布鲁克这样的人打比赛是不同的，因为你面对的是一个天生的怪物。他拥有不可思议的能量，每次抢篮板他都会猛烈撞击。一切都是围绕他建立的，或者说一切都是按照他打球的方式建立的。和这样的人打比赛很艰难，但我肯定喜欢。原因是，由于你无法阻挡有些家伙的进攻，这让你处于某种劣势。我知道因为我们攻篮的方式，人们把我和拉塞尔·威斯布鲁克相提并论。但对我来说，最引以为傲的是我的场上智商，我觉得这一点一直被忽视。就像我在场上自然而然地打出生猛的比赛，和拉塞尔·威斯布鲁克一样，但我也在掌控着比赛，你应该注意到了。

比如锡伯杜在公牛最后一个赛季对阵勇士的比赛中，我得到“四双”。好吧，本来可以的——我有 11 个失误。那场比赛，吉米·巴特勒没有上场。11 个失误，吉米·巴特勒居然出局了，一场我们本该输掉的比赛。那个赛季他们碾压了所有人，但是我们通过压哨球赢得了那场比赛。这些都是我很珍视的比赛，不是因为最后一投，而是对局面的掌控，就像一场直截了当的户外公园比赛，只是彼此间的对决。

让我告诉你，我认为联盟中的伟大是什么。我认为伟大是那些让某一位置变得与众不同的人，比如查尔斯·巴克利到来的时候。他做了什么？他能持球推进。凯文·加内特能持球推进，后来发生了什么？在场上给了他们自由活动的空间。就像任何控卫所希望的那样，就像鲍勃·库西在场上那样运球。然后，在 20 世纪八九十年代，他们变得系统化了。阿伦·艾弗森到来了，看看发生了什么。他是一个开拓者，使得自由稍微多了一点。现在有了像詹姆斯·哈登这样的球员，他的动作使得防守他很困难。像德维恩·韦德一样，他也知道如何造犯规，而且人们忽略了他有多强壮。他会让事情看起来很简单，但如果你与他在场上对位就不一样了。他拥有的力量在那个位置上是罕有的。安东尼·戴维斯也很独特，他就是那个发动机，他可以在防守端改变比赛。德怀特·霍华德，他可以在大多数大个子球员都很慢的时候跑动进攻，他简直就是一个动作大师。

球员的水平是不同的，但是看一个球员的表现和实际与他对位是两回事。球迷和媒体并不总是以球员的眼光来看待整个比赛。在我的位置与我对位的每一个球员，他们都很棒，这就是他们能身处联盟中的原因。他们都是伟大的球员，当我与他们对位时，我的职责就是提升他们比赛的难度。我一直都是这么看待此事的，一旦与我对抗，你就应该知道这将是一场艰苦的比赛。这不是一场能轻易取胜的比赛。无论我在哪场比赛中，不管是我和你对决，还是某一热议的焦点战，如果我打得不好，下一场比赛我会更努力。我一向如此。

我为公牛招募过勒布朗·詹姆斯。一天，训练结束后，我们得到消息——联盟里每个人都听说了——勒布朗·詹姆斯、克里斯·波什及其他人，他们乘坐一艘香蕉船，并准备在某个地方组队。我们的总经理加尔·福曼和管理层的人一起找到我，提出要为克里斯·波什、德维恩·韦德和勒布朗·詹姆斯拍一段视频。我没有反对，我录了视频。我敢肯定勒布朗·詹姆斯和那些人看到视频了，然后这个故事就出炉了，称我对招人不太上心。难道我必须说我在帮忙招人吗？这认为是一个双输的局面。我不愿意说我在外面招人，因为我尊重我的队友。球员必须做这种事吗？似乎不太对劲。

我看到报道说“德里克 · 罗斯不想招人”时，我感觉，作为我的搭档，公牛应该站出来说我参与了此事。比如说：“我们知道，放轻松，他没问题。”

他们没有。

但我是这样的人：只要我能上场，不管你们说我什么，我都不在乎，我会承受那些打击。当时我还不成熟，我不想说我拍了视频，因为我觉得他们应该替我说这样的话。不过，也许他们认同那样的说法？也许他们希望我做更多事？我也能理解，但我做了我的事。

我不在乎我和谁打球，我感觉我只想把球打好。无论谁和我一起上场，都要用你能打好的方式打球。我会认为这是每个人都想从一个球员身上得到的，无论他和谁一起打球，都要全力以赴。我很高兴球员有自己的权利，我们可以为家人做决定，但我也喜欢这种挑战——无论我们拥有谁，都会向你展现我们作为一个团队的能力。

这就是我们打出联盟最佳战绩时，我们对锡伯杜和公牛的感受。我感觉作为一名球员，我的职责就是让大家看到我每年都在进步。你们看到我每年都在进步，所以在我看来，我在向你们展现，这才是真正的招募。这才是球员应该想一起打球的人。我感觉“我会向你们展现，每一年我都在进步，我尽到了我的责任”，然后就是他们的事了。

我从未以下面的方式介入获得某位自由球员的对话，说你们必须得到更好的球员，得到这个家伙，得到那个家伙。我必须变得更强，责任在我。但是，总有人问我公牛在自由市场上应该怎么做。我从来没有站出来说："这就是我想在自由市场上做的事情。"如果没人问我，我们绝不会谈论此事。我会像对待其他事情一样等待，直到他们引入某名球员。他们得到了布泽尔、凯尔·科沃尔、查尔斯·阿基姆·沃特森和科特·托马斯，我喜欢我们的球队。

接下来，我们得到了锡伯杜。

8

在锡伯杜带领下成长

汤姆·锡伯杜上任了，这是我第一次看到有教练以他那样的方式让球员负起责任。他一刻都不松懈。作为一个像我这样不怎么说话的球员——每个人都希望我发声，那是领袖干的事，但就像本书中所说的，我是一个只会向你展现的人——我很感激，因为这可以让我坚持己见。我不需要有人像微管理者那样盯着我，但我对此很尊重，因为他让人觉得他比我更热爱这项运动。

有趣的是，他不需要说什么。我一进来，而他在早上5点30分就到了。我会想："他究竟在干什么？"或者，我训练完，回家，然后心想："我要带一些人到这里练投篮。"所以我进去，现在是晚上9点，他还在那里，而我们第二天还有比赛，我会想："他在这里干什么？"训练7小时前就结束了。他赋予了球队系统性。

我可以和他保持开放的关系。我们无话不谈，他可以告诉我任何事，一切都是篮球。他对我从来没有隐瞒过有关篮球的事。我只记得那是美妙的一年。我记得我经常微笑，每个人都很享受在路上的感觉，那个赛季是我最珍视的事情之一，也是我们获得第一的一年。你知道，在联盟里，你拥有这样一个赛季时情况会怎样。球迷会追随你到你任何所到之处，凡此种种。我们变得更像一个表演队，而不是一支球队，这很酷，而且我们打得很好。

第一个赛季，我们赢了 62 场比赛，是联盟中最多的。我们在常规赛与热火三度交手，都击败了他们。季后赛也很有意思，每场比赛比分都很接近，很胶着，一直僵持到最后，比分压制在八九十分。勒布朗 · 詹姆斯在第一场常规赛中没有出场，但是德维恩 · 韦德表现出色。在最后两分钟，我和韦德你来我往。凯尔 · 科沃尔投中了关键球，我们赢得胜利。再度交手时是鲁尔 · 邓，在我们落后时命中关键球。第三次击败他们则是我在比赛后期投进了几个球。看，我以前能投篮的，哈哈！我们只想赢得比赛，有趣的比赛。事情似乎进展顺利，没什么问题。那个赛季我只缺席了一场比赛，是因为颈部僵硬。

我爱上了球队，我们不仅表现得很好，而且还很酷，因为我们可以互相对话："好吧，我防守的人突破上篮，你没有补防，那应该是一次耷拉战术（floppy，双掩护的一种，指的是篮下无球队员在左右两侧都有横掩护，像一对耷拉下来的耳朵，持球人或左或右都可以借助掩护摆脱追击），下次，站好位置。"乔金 · 诺阿会跑过来骂骂咧咧地给我发指令，鲁尔 · 邓也是如此。我、乔金或者其他人都可以这样和锡伯杜说话。我想那让我们成为一个亲密的团队，因为在激烈的对抗下，有人会变得情绪化，而这没什么大不了的。这才是一个真正的团队，你明白我的所指吗？

一旦一个人突然变得情绪化，这会让你大跌眼镜。对于我们而言，我们也可能有这样的时刻，然后有人会说："好吧，现在是什么战术？一切都结束了，我们可以在赛后再谈。"我们冷静下来。"这就是我们正在执行的战术。我们在这个位置包夹他。"我们在场上时，锡伯杜会让每个人为自己负责，你没必要走过去对某个人发一通火。

以前我们经常聚会，所有人都在一起，这才是一个团队。我们在更衣室里有过几次争执，但我们明白对球队来说重要的是什么。球迷和媒体意识不到这些，但是如果你们是一个团队，彼此尊重，那就好了。有时候，引起争执的可能是最微不足道的事情。锡伯杜会因为乔金·诺阿破坏或忘记战术而对他发火。事实上，乔金经常这么干。他会破坏战术，然后采取更好的选择，这是一个加分项。但对锡伯杜来说，他才是操盘手。所以，即便赛况变得更好，锡伯杜还是会盯着乔金，嚷道："你究竟在搞什么！"

乔金会说："去你的！"

然后锡伯杜也会说："不，去你的！"

没开玩笑，他们以前经常这样争吵，但是没有人感到大惊小怪。我们知道他们只是需要发泄，需要释放内心的情绪。他们都很专业地做到了这一点，然后继续讨论比赛计划。

我认为很多好事情最终都发生在我身上，比如获得 MVP，凡此种种，一个原因就是我知道在比赛的某一时刻，球会回到我手上，并且我为此做好了准备。队里有个叫基斯·博甘斯的球员，我很少看到他连续两次出手，而且他也不被视为好射手。我从未这样看待我的队友。我当时太年轻了，根本不会去考虑基斯·博甘斯，以及联盟里其他人和分析师是如何看待他的。我记得我说过："基斯，你应该是个射手，投篮吧！"

这就是我对队里每个人的看法。我不在乎你是谁，如果我把你放到空位，我就希望你投篮，并且你要信心十足地投篮。这就是为什么你们会看到我的队友都很自信地出手。可能大多数球，他们都投丢了，但他们拥有那种自信，他们因此而成长。对我来说，最重要的一点是锡伯杜允许我自由发挥，他通过我发起进攻，所以我不必强迫自己适应球队。球员去到不同的球队后会说："我是来自那支球队的某某人，在那里我可以出手 25 次，所以你知道在这里会发生什么了吧。"我从来不是那种人，我始终觉得，我必须给我的队友创造出手机会。

球会找到你，我一直都相信这一点。在激烈的比赛中，球很快就会找到你。有的球员不敢出手？在季后赛，你会在比赛后期看到这种情况。某些家伙会说："该死的，别传给我！"为什么我连续出手 4 次？因为队里没人想出手。

锡伯杜执教的所有球队都很棒，真的。每个人都互相联系，在训练中互相督促。但是要走到最后，我们还太年轻，球队需要更多老将。当时，锡伯杜很生气，因为他没有得到他想要的球员，这让球队的气氛变得有点糟。媒体一直来找我谈此事，但我说："这跟我没有任何关系。你们有什么想问他们的，请去问他们吧。"我希望锡伯杜与管理层能达成共识，但是他们从来没有。

我们确实认为，我们本可以赢得2010年的那个赛季。我记得季后赛首轮，我们的对手是步行者。那真的是我第一次在系列赛中感到紧张。新秀年对凯尔特人的系列赛，我并不太紧张，因为那是我的第一个赛季，尽管听起来有些不可思议，但没有人给我们太多机会。这次则是大舞台了，真的。我们是联盟第一。即便算上高中和大学时的重大比赛，这也是我从未登上过的舞台。

我打得很好，但是我记得每场比赛前，我都非常紧张和焦虑。我想大多数时候，球员们都会如此，一旦你开始比赛，这种情绪就消失了。系列赛之前以及赛季结束之后这么多天里都有这样的情绪积累。我记得每次我上篮时，杰夫·福斯特都试图把我干掉，是身体的对抗。那时候联盟正试着改变这种情形，但依然有身体的对抗，而且很酷。我喜欢这种打法，它让我更加专注，因为我想激怒对手，想让他们更生气。无论你怎么做，我依然会打爆你。无论你怎么做，我都想让你经受每一个回合。你使阴招，打脏球，没什么，我们依然会带走胜利。

我想这就是在芝加哥打球真正带给我的，在那样的环境下，在那样的文化中，我必须掌控别人。我必须干掉他们，否则他们就会掀翻我。从小我就是这样打球的，一旦有机会摧毁某人，就必须抓住机会。正是这样的氛围造就了科比和科比那样的人，同时我也做好了与勒布朗·詹姆斯和德维恩·韦德这样的球员对位的准备。

我感觉我们还在成长，我们击败了老鹰，然后迎来了每个人期待的对决——公牛对热火。非常棒的系列赛。我们以 1 比 2 落后，第四场比赛的最后时刻，我获得一个机会。没有投进，我们在加时赛中告负。我们如愿地将他们的得分控制在 90 分以下，只是还不够。

每次我投绝杀球时，我都尽力放空自己。当然，我并不是每个球都能投进，但是我总能从那些我投丢的球中学到东西。比如，“该死，我两次投篮都向左偏出了，我为什么还要在最后几秒朝左投呢”，然后，“好吧，每次训练中做投篮练习时，我会在最后一投前倒数 3……2……1”，这样，我就可以在那一刻做好命中投篮的准备。

年轻时，我经常纠结于此，让我有点畏首畏尾，因为我担心最后一投是否应该由我来投。有几次我不知道该不该出手，因为我在公牛的早期生涯中投丢过太多球，所以我在训练馆致力于此，像计时器一样倒数。我一拿到球，就是一个计时钟，周而复始地练习。

在对热火的第四场比赛中，我已经很熟练了。我没有犹豫。未中，然后还有机会，他们让勒布朗·詹姆斯来防守我。面对那么大块头的家伙时，投篮很难，但就像我说的，我希望他们整场比赛都这么做，他们没有。我投丢了，我必须马上把它忘掉。我不能对此念念不忘，尤其是知道还有加时赛要打。那对我来说只是一个回合，我没有执行好，但下一个回合就要来了。

我知道现在人们可能会笑，说这是一个借口，说我们疯了。但是，问问那支球队里的每个人——鲁尔·邓、泰·吉布森以及锡伯杜，他们会告诉你：欧米尔·阿西克的缺阵是个大损失。他与乔金·诺阿和科特·托马斯同时在场时，热火就有麻烦了。我们可以让他们更难打，而欧米尔·阿西克的身高会给他们带来麻烦。阿西克在第三场比赛中受伤了，让我们损失惨重。在此之前，那个赛季他从未缺阵，然后他的赛季报销了，又是伤病。我们真的比任何人所相信的都更接近胜利。我感觉他们知道，我们是一支他们吓不倒的球队。

在锡伯杜带领下，我们和他们打的每一场比赛都是如此：激烈且富有挑战性。你知道季后赛是怎样的吗？谁做出正确的调整，谁就能赢，而他们做出了正确的调整。失误恰恰来自过度思考，我们太想扭转局势了，我记得我有七八次失误。我知道为了拖住比赛，我必须得分，这没什么。他们试图在防守端消耗我，这样我就没精力在进攻端对他们造成冲击了。

接下来，我们以为我们能赢下第五场比赛，而他们迅速地卷土重来，就这样，比赛结束了。我们以为我们赢定了，我们要返回迈阿密，然后……他们得了多少分？好像2分钟得了14分？德维恩·韦德命中3+1，他们晋级总决赛。这就是最伤人的地方。领先那么多分，还以为我们掌控了比赛，而他们恰恰打出了战术配合。我们本应是那支球队。

这也教会了我一些别的东西。正是在这时，本杰明·罗伊·阿姆斯特朗和我开始讨论在联盟中如何终结比赛。比如说，你的对手球队领先，没什么大不了的。有时候对手在第四节领先10分，你根本无须在意，因为接下来他们的打法完全不同了。如果你迫近比分，他们就会紧张，并输掉比赛。他对我说这些时，我完全理解他在说什么。我能用这种方式影响比赛。“好吧，我们落后14分或16分了，比赛会很难打，让我们在还剩4分钟时把分差缩小到8分吧。”这有点像赛马，一路领先的马疲累了，如果你紧随其后，就可以发力了。我就是这样看待此事的，感觉我们可以更好地终结比赛。只是还不知道该如何做，因为我们太年轻了。我们正在做好准备。

然后，伤病找上了门。

9

艰难的康复期

是的，膝关节前交叉韧带撕裂改变了生活。2012 年 4 月，膝关节前交叉韧带刚刚撕裂后，我在医院情绪很激动，因为我打不了篮球。不管怎样，目前是这样的。赛季报销了，我觉得那个赛季我们如此接近走到最后。但是现在，我不得不把心思放在康复上。漫长的康复期，我讨厌康复过程，寂寞又难熬。

前 4 个月，我不得不戴着护具。前 3 个月，睡觉时也不得不戴着它。我无法入睡，无法翻身。和伴侣在一起，我得注意与我同床的人。我必须对周围的一切多加注意。不过，尽管我不想这样，但我成了这方面的专家。我第一时间问了医生："我一周要来做几次康复？"正如我所担心的那样，每次做康复治疗，我都很痛苦。

我这么做是因为适当的康复治疗能使人恢复到原来的状态，我相信这一点。

所以，我可以从重量训练做起，从早上 8 点或 8 点 30 分开始。每天第一件事，前往器械区。在桌上做拉伸，修复疤痕组织，做柔韧性训练，并测量柔韧性。然后，通过蹬自行车为膝盖热身，随后是跑步和咚咚地走。自行车有助于血液循环。我可以在走步机上走 5 分钟或 10 分钟。不管怎样，一旦我下了自行车或走步机，就需要做减速训练，再做加速训练，这有点像田径训练。

每个医生都会告诉我，减速是膝关节前交叉韧带撕裂康复中最难的部分。我无法保持平衡，对自己的关节没有自信。这需要大量的重复练习。跑步，没问题。这是观察我的人永远无法理解的地方。我能够跑步，但问题不在这里。即便这样，我也要把肌肉练好，把一切练好。

以前，整个夏天我都在打球，然后进入赛季。现在，从上午 8 点起直到……该死，我是说，一旦赛季开始，直到一场比赛结束，我都在做康复训练。

在赛前热身，然后回来，把冰块敷上，做好所有的恢复工作。每天如此。他们让我和不同的治疗师谈话。他们都一样，只想让我向他们发泄，看看有什么问题，精神上的。但我觉得，只要我恢复健康，就能轻松克服精神上的问题，我觉得我没有必要和任何人谈。我难过的只是我并不健康。我觉得只要我恢复健康，一切都会好起来的。这种时候我会把自己封闭起来，一个人待着。大部分时间我会看很多纪录片，然后尽快做更多康复训练。

夏天，首先是康复训练，然后在康复训练后打打篮球。一天两次。

我必须确保所有的肌肉在相同的频段或模式上，因为如果你的某块肌肉丧失功能，就会导致过度补偿，就像后来我的膝内侧副韧带撕裂那样。

有时候，伤病莫名其妙就发生了。一个肌瓣裂开，只因一次小小的冲撞。这很大程度上是因为我的身体。我可以很快变得强壮，那就是我的身体类型。我是一个强壮的大个头控卫。尽管我的膝盖不复以往，我的速度依然很快。不知怎么地，我以我希望的打法打球，我的身体进行了过度补偿。但是很多人做不到这一点，因为他们不是那种类型的运动员。不过，一旦你是这种类型，我发现它会引起不同的问题。

对我来说，我认为有这么多争议的一个原因是阿德里安 · 皮特森，那个橄榄球球员。八九个月，他就从膝关节前交叉韧带撕裂中恢复了？他从事的是橄榄球运动，所以一切都完全不同，但我不知道怎么有人能自然而然地做到这一点。所以我会问："拜托，兄弟，同一年？"在2013年初我回归，在球队的最后几个月，我一直在训练和投篮，但是我不能像平时那样移动，所以我知道这是不可能的。

我得到了每个人的建议。医生就是医生，他们是队医，他们说我没事了。但我遇到球员时，他们会问我的伤情，并且说："需要一年，这该死的伤通常需要至少一年。"每个人都这么说。我希望早点复出，但是我的身体告诉我："不行，再等等。"我的膝盖依然酸痛，我的身体不应该是这种感觉。所以我花了更长时间，因为我感觉我的身体会坚持不住，但是媒体不想听这些。

对我来说，我所想的是救赎，努力恢复。第一次受伤时，我很难相信它的发生，我会想：“不，我能应付，我能处理好一切。”但在现实中，我的身体，由于膝关节前交叉韧带撕裂，需要更多时间恢复，恢复也是我一直以来的奋斗目标。我希望早日回归，但正是在这时候，我学会了听从自己的身体。我做得太多了，训练得也太多了。我想让自己感觉到我可以为任何事情做好准备，我不想要任何借口。我觉得我能一直训练，如果我用心去做，我就能做到，就像我以前一样。如果在赛季的常规训练中，我有一场比赛打得不好，我会把责任归咎于我没有做的那项训练，我没有做好准备，这是我的责任。于是，我把这种心态带到膝关节前交叉韧带撕裂的恢复过程中，我会做好一切，以便尽快回归。但是我真的做得太多了，没有让康复过程更自然地进行。

我的整个职业生涯都是这样的。我已经没有退路，当人们开始质疑我时更是如此。我会想：“等等！我更要训练了。”但有趣的是，在整个过程中，我没有嫉妒联盟中的其他球员。我从未因为我正在经历的事情，看到同龄人所做的事情以及对我的超越而忌妒他们。这真的促使我在训练中更加努力。我会想：“该死，拉塞尔今年表现不错，我要努力。斯蒂芬·库里这两年打得不错！我要更加努力。”你明白我的意思吗？有些人忌妒别人的成功，但我知道那会毁掉他们。我不想携带负能量，我要把它转化为我生活中的更多动力。

我不想让这听起来像我在吹嘘什么，但是篮球手就像艺术家，不是大部分人想到的那种典型的艺术家——舞蹈家、说唱歌手或画家之类的，但篮球手确实是艺术家。这就是我的感受，我们作为篮球手的感受。我不会在场上有所保留，在你面前打出糟糕的表现。比如我在比赛末段投丢罚球，或者没有个人发挥，在比赛结束时没有惊艳到你们，那就是我的错，我会睡不着觉，因为我让你们失望了。那么，我打球还有什么意义呢？

如果我上场，你们看到那晚我在膝盖有恙的情况下打球——忘记了这对我的未来意味着什么——仍有人会评判我的比赛，称也许我让球队失望了，也许我很自私，我本不应该出场。一个歌手会在声带嘶哑受损的情况下登台吗？不会。为粉丝奉献最精彩的表演是你该做的。我知道我不能这样做。如果我不休战一年，我认为我的职业生涯可能会终结。但是如果我仓促复出，又能有怎样好的表现呢？

当然，我的批评者不是这么说的。

我很快就知道那年我复出无望了。我的膝盖还没有准备好，而且差得很远。2012 年 5 月，我接受了手术。每个人都说要休战一年。现在，环顾周围，受过这个伤的球员更多了，比如拉让 · 朗多、扎克 · 拉文、达尼罗 · 加里纳利，还有贾巴里 · 帕克，都休战了一年甚至更长时间。

人们很快就忘了科尔医生在我手术后所说的话。科尔是世界上最顶尖的医生之一，他告诉媒体："尽管他很有希望在 12 个月内达到很高的水准，但还可能需要更长时间……这取决于肌肉心理学、信心方面的问题。"他说的 12 个月是从 5 月起，可能还要更长。

因此，次年3月和4月，我没有复出，这有什么问题吗？怎么会发生这种事？我记得有一次，他们逼问我，我说："除了上帝，没人知道。"然后补充道："拜托，我在努力。"所以他们就生气了？怎么会有这种事？上帝说了算。

真的，在手术后第二年，你才会看到大多数人接近打出他们原来的水平。你们见过那些不到一年就复出的人，他们的表现并未达到以前的水准。扎克·拉文就是个很好的例子。看看他手术一年后在公牛第一个赛季的表现。由于肌腱炎，他甚至无法打完赛季，然后再看看下一个赛季，他的表现很棒。

然而，我的批评者说我应该在9个月、10个月、11个月后复出。这不仅早，而且正好赶上季后赛开始。你知道那不是常规的篮球比赛。我的家乡怎么会发生这种事？所以，我退缩了，我很难不退缩。我能四处走动和打球，看起来很好，但我在思考比赛，而不是反应。很多人可以思考比赛，而我是一个反应型球员。我的身体还没有准备好做出这样的反应，那不是我的打法。

但我必须跟队，就像我复出一样打比赛。想象一下，如果我说："不行，我还没恢复。"情况就会像科怀·伦纳德在马刺最后一个赛季所经历的那样。他们不相信他，说他在弄虚作假。这家伙受伤了，并努力复出，但你知道你不行。"他看起来不错，他在哪里？"想象一下，我身在芝加哥。"什么？你不是想打球吗？"于是我出场了，然后告诉他们："哦，我就是感觉不对劲。"事实上，我的膝盖根本没有准备好。

在康复期间，我问了很多问题。他们告诉我可能要一年。有3个月，我必须戴着护具睡觉。但是3个月后，我认为我应该没事了。我心想：“伙计，你得找回你的节奏，你得做到这一切。”但是我还不能出战季后赛。如果我不能以我打球的方式比赛，有人会说：“哦，他怎么了？”他们可能还会把我交易掉。哈哈！

好吧，这狗屁生活现在结束了。他们说我可以打球了，但这并不意味着我已经准备好打比赛了。我告诉他们我还没准备好。在做某些动作，或做了大量训练后，我的膝盖依然会很痛。我知道我还没有准备好打比赛。就是这样。我的一切都源于我的反应，而我无法对我通常能做出反应的事物做出反应，这不对劲，但是我在场上不断移动，尝试着。

我感觉，一旦媒体在训练时来到体育馆，我必须在场上表现得像我在训练一样，所以我给外界造成了一种我也许能出场的印象。我从来不会在到达球馆后说我今晚不想比赛，这辈子都没有过。

然后就发生了哥哥接受采访的事。每个人表现得好像我随时都可以上场，因为手术已经过去9个月了。可是，我的膝盖根本没有痊愈。雷吉说了一些诸如“德里克为什么该复出、你们没有做任何交易来帮助球队为季后赛做好准备”之类的话。

看，你知道你的家庭是怎样的。你说的都是废话，每个人都是这样。但我不能和我家人作对。该死，是的，我和哥哥谈过。我知道那是怎么来的，不过，他不必在采访时说出来。他当时是不是很懊恼？当然。看到我这样，他很生气，并在采访中表达了这一点。我了解他，是的，他确实会这么做。但是无论如何，我都会与他同行，因为他是我的哥哥。

我不敢相信我缺席了整个赛季。这还是我自五六岁起第一次告别篮球这么久，但我只是想继续变得更强壮，并努力恢复，尽量不去想我的膝盖和手术。我一直都是一个充满期待的人，我真的很想打球，不过有些事情不对劲。所有人都说一切都很好，而我恰恰知道不是这样的，你知道这是什么感受吗？所以在我一个赛季报销后第二个赛季的 11 月，在波特兰客场再次膝盖受伤时，我真的没有那么惊讶。

我在 2013 年赛季复出时，众多媒体纷纷报道："他打算怎么办？他还能走路吗？"有时我感觉我像被关在笼子里，每个人都盯着我看。"他还瘸吗？他现在真的复出了吗？"我打得还可以，因为腘绳肌有点痛缺席了一场比赛。我觉得我能投篮，我记得我场均能投进五六个三分球，也能攻篮，但是我的身体并不平衡。休战那段时间里，我变得超级壮实。我一直在锻炼——我无法打球，所以我就训练和做重量训练。一旦我的身体变成那样，变得太强壮，就会把事情搞砸。如果我无法保持平衡，那才是真正变得糟糕的时候。我的臀部不太协调，后来我发现，正是在这时候，我步入了危险的境地。

我现在知道了，但那时我真的不知道。我只是感觉……不对劲，对此我也有点害怕。缺阵了那么久，我感觉那很自然，你也会有这种感觉的。我当时不像现在那样了解我的身体。我经常把双腿都抬起来，向上移动上半身，就这样我超重了，至少有 97.2 千克，体形莫名其妙地变大了。当我无法上场打球时，确实会这样。我认为我变得越强壮，状态越好，这对我越有帮助。

但是这对我的膝盖来说压力太大了。我一直在逼自己复出，可能操之过急了。我也许应该把一些训练的节奏放慢，然而，我已经形成了一种常规。我迫不及待地想回归，一旦我陷入某种常规，就像大多数人一样，很难摆脱它。我觉得我太投入了，我想这就是导致我其他膝伤的原因。

在波特兰发生的事令人难过，只是一次简单的反跑空切。我正打出那赛季最好的单场表现。我记得我在第三节初命中一记三分球，由此得到了 20 分。在这个魔鬼主场，我们打出了一场精彩的比赛。搞笑的是，我们总是在赢球的时候发生糟糕的事情。只是一个切入篮下的动作，尽管我马上意识到有些不对劲，但是我知道我还有机会再打。

就像我膝关节前交叉韧带撕裂后，我一直告诉自己说："只要不是膝关节前交叉韧带撕裂就行。"这一次，我也是这么应对的。"任何伤，不管我受了什么伤，只要不是膝关节前交叉韧带撕裂。"我再也不想经历那样的事了。我真的不得不重新学习走路和跑步。我知道我会回归赛场的，但是我不知道膝盖再次受创，我是否还会有那种速度的爆发力，或者说我是否还会有足够的自信，不假思索地按照我希望的方式打球。这就是受伤带来的最大心理问题。对我来说，心理一直是一个很重要的部分。这不仅仅事关"我还能否这样打球，还能否有这样的速度"，还事关不得不再次经历恢复过程。那将是另一个漫长的冬季，但我知道，我会回归赛场的。

其实，随美国队出征改变了一切，也包括我的发型。是时候成为参孙（《圣经·士师记》中一位拥有天生神力的战士）了？

10

赛场之外

直到后来，我才意识到我把自己的身体逼得太紧了。

我的身体和其他人的不一样。年轻时，我不会去想这些事，想的只有打球，尤其是像我那样成功。因为一切都显得那么自然，那么顺理成章，我的身体很快就变得更壮实了。我所做的破坏了身体的平衡，因为我没有让我的腿自然地调整，我花了很多年才明白这一点。我使我的一条腿比另一条更强壮。第二次康复，我使我的左腿比右腿更强壮。我在一条腿上用力过猛了。我总是觉得不平衡。但我让膝盖那样受伤时，我的确不知道什么是正常的，什么不是，因为我从来没有经历过。接着人们会告诉我各种各样的说法。这很艰难，我自己承受着这一切，不断产生疑问和困惑，而其他人只想知道我什么时候能复出；我是否会像以前一样。

直到 2014 年世锦赛我随美国队参加最后一轮比赛时，我才最终把所有事情串联起来。我得出的结论是："我应以不同的方式训练，放缓重量训练的节奏，并且我必须减掉我的体重。"体重让我很不爽，而且确实对我造成了伤害。我必须经历这些事情才会明白。别人给了我很多不同的意见，即便我不是医生，我也必须为自己做决定。我是怎么知道的呢？

2014年夏天，我终于在纽约偶然发现了答案。我在那里看医生。我们在国外时也看了医生，没人能解释为什么我的膝盖会痛，直到赛季开始，我回归球队的时候。我稍稍改变了我吃东西的方式，开始减重，我的膝盖减轻了负担。

我很高兴为美国队效力，很感激迈克·沙舍夫斯基（老K）和杰里·科兰杰洛选中我。我知道有些人认为我那年很沮丧，因为我是替补，但我真的不在乎。整件事最让人气愤的是，我听到了关于我不是首发的谈话——实际上，我无意中听到老K教练和科兰杰洛在谈论这件事，但我并未有意去听。他们没有对我说过任何关于让凯里·欧文首发的事情，但我后来无意中听到了他们的谈话。

我们在国外的某个地方，我准备上楼做个按摩。在做按摩时，我听到两个男人在说话。你知道，国外的墙壁很薄，你可以听到一切。所以我听到他们在谈论凯里·欧文，谈论球队的未来，以及他们和球队前进的方向。事实上，这需要冷静地去听。他们并没有说我的坏话，只是说，他们觉得让凯里首发，打他们那套轮换是一个不错的决定。令我震惊的是他们在公共场合谈论这件事，而我就在隔壁房间。他们在一些比赛中让我首发，一些比赛中让他首发。他们说："我们喜欢凯里在那个位置上。”我并未沮丧或失望，只要球队能赢球就是最好的。只是我听到了，心想：“该死，你们就不能私下谈吗？”

和那支美国队在一起的另一件滑稽的事（其实没那么滑稽）就是当下篮球的运作方式，尤其是与赞助商的关系，你要么加入，要么退出。你真的必须和赞助商在一起，和 ESPN（娱乐与体育电视网）、和耐克在一起，就像勒布朗·詹姆斯。不是说勒布朗·詹姆斯不伟大，这也是你总能在电视上看到他的原因。如果你不和他们在一起，就像我与阿迪达斯在一起，情况就不同了。他们会说：“抱歉，事情就是这样。”NBA 的大局是 ESPN 和耐克。举例来说，我为那支美国队打球时，我哥哥试图去耐克那里要一个 iPad，因为他们为球员准备了 iPad。但是他们告诉他：“不，我们没有为一个阿迪达斯的家伙准备 iPad。”

我是队中一员，因为我是阿迪达斯旗下的，我就没有得到 iPad？

我记得我说：“雷吉，你能去给我拿 iPad 吗？”而他们只是说：“不，没你的份。”

这就是比赛的政治部分。受伤后，我对此感触更深，于是有了这种感觉：“退役算了，不和他们玩了，我又不差钱”。也许人们只是厌倦了谈论我。一旦我做了蠢事，他们又会一哄而上。

我始终觉得我依然有价值，感谢锡伯杜给了我一个在森林狼展现实力的机会，只是我现在有了一个更安静的粉丝群。

在中国，我的球迷群体依然很庞大。你有时候会听到很多关于阿迪达斯的事情，如果我对他们来说是个问题，但相信我，他们在我身上赚回了钱。就球鞋交易而言，我觉得我真的必须努力才会有现在的成就。我成功进入联盟时，没有品牌为我提供球鞋。我的东西在中国很受欢迎，现在我仍然会去那里，那里是我球鞋收入的来源。我也许不会说，但我知道数字。这就是为什么阿迪达斯依然有三款在售的球鞋：詹姆斯 · 哈登、达米安 · 利拉德，以及我的。2018 年 8 月我去中国之前，德里克 · 罗斯九代战靴上市了。现在阿迪达斯正在商议复刻版和我的第十代战靴的事。

对中国人来说，家庭很重要，我认为这是我们能够彼此产生共鸣的一个原因。他们看到我和我的家人是如何融为一体的。我去到那里时，文化也是这样的。每次到中国，我都能感受到爱。我喜欢去那里，我可以感受到那种氛围。2017 年，他们为我的回归录制了一段视频，所有的球迷都说：“罗斯，我爱你。”太令人惊叹了，我久久难以平静。这都是一种祝福。

对我来说，很多事情的改变都始于那次美国队之旅。说实话，起初我以为我所有的伤病都只是运气不好，是我的命不好，直到我留长了头发。那是一个开端，一切由此发生改变。很多人不理解，但我觉得和非裔美国人在一起，我们的头发就是一切。我们的头发就是力量，真的。这就是我重新留起头发的原因之一。那时候我经历了很多不好的事情，我开始觉得我的心态不一样了。以前，一切都是为了报复。我气愤难平，对他们的所说和所写气愤不已，并且陷入了死胡同。我本不是这样的人。

头发重新留长后，我就像卸下了重担，可以更清晰地思考了。我知道这听起来很疯狂，但对我来说是真的。也许人们不会相信，但这就是我成为现在这样子的原因，是成为更好的我的一部分。

你可以通过我的头发看到我职业生涯的不同阶段。首先是短发的德里克·罗斯，有点像《圣经》中的参孙。我不信教，但对非裔美国人来说，我们的头发生长是不同的——这很重要。我们可以留爆炸头，而且头发可以向上留长。很多人的头发一留长就会垂坠，而我们的头发可以继续生长。在其他地方，比如部落，他们习惯于用不同的方式把头发束起来，以适应不同的活动、不同的场合，展现不同的力量。我现在的一头长发，完全把我变成一个迥然不同的人。头发长出来后，我感觉我的力量得到了提升，同时变得更成熟，更体谅他人，更体贴。你在追逐伟大时，有时很难做到正确。

头发的事情发生后，我开始把报复的一面抛诸脑后。第一次伤愈复出时，我不会说我处于黑暗之中，但我的心态是想证明他们是错的，而不是只做我自己。我当时不知道我是谁，那不是我，而现在，我觉得我知道我是谁了。我知道我有怎样的天赋，我会重塑辉煌。所以何必需求别人的认同呢？我觉得我好像回到了过去——没有强求，只是顺其自然。这似乎让我重新焕发了活力，我终于得以抛却所有的旧想法，从很多一直压在我身上的事情中走出来。我知道我想留长发，我也知道我的生活将变得井然有序。

我感觉我诸事顺遂。我喜欢当父亲，这对我来说是最美好的事。我一直想有孩子，想在年轻时就有孩子。我知道在 NBA 有很多人不想要孩子，他们想过那种生活。很酷，但这不适合我。我生活在一个有众多孩子的家庭里，身边总围着婴儿和孩童，我必须为妈妈、哥哥、姨妈、舅舅照顾孩子。我一直很喜欢这样。哥哥有孩子后，他们希望他们的孩子也能和其他孩子交流，这很重要。我就是这么长大的。当然，这很艰难，因为家里没那么多空间，但我身边始终有人和我一起玩，保护着我。我知道，有人关心着我。

看到哥哥的孩子真是太棒了，这让我觉得："该死，我们错过了多少时光！"似乎我总想让我们的家庭变得更大。我一直以为我会有三个孩子。PJ，他喜欢孩子，在这个时候他需要有兄弟姐妹在身边。所以我很高兴他有了妹妹莱拉。她是个完美的妹妹，因为她很有趣，而且很好动，总是到处跑，似乎总是保持着同样的精力。

米卡·布莱克曼·里斯，她是 PJ 的妈妈。我们相处得很好，是很好的朋友。我所有的一切都事关与朋友的关系，我会确保所有人步调一致。看，我跟两个不同的女人有了孩子，所以我是一个必须确保她们的关系是融洽的人，我做到了。这是沟通问题，要有耐心，要关心她们。不是前女友离开我，是我离开了她，而且她还带着孩子，所以我告诉现女友："你要理解，她受到了伤害，是我离开了她。你需要处理好情绪和所有的事情。"我们很融洽。

PJ 和妈妈住在一起，但夏天我在洛杉矶时，我会为她在街对面租一所房子，PJ 可以住在那里，和我在一起。这是我离开芝加哥最艰难的事情，我无法跟他近距离相处了。这也是纽约和克利夫兰都很好的原因，离得近，我随时都能过来。

我刚进入联盟就认识了米卡。她来自芝加哥，在我遇到她时，她还是亚特兰大克拉克大学的学生。其实我是在芝加哥遇到她的，当时她正要返回亚特兰大的学校。我们交往了很长时间。大概在我 19 岁或 20 岁时，我们走到了一起，直到我二十四五岁时，我们才有了 PJ。她生下 PJ 后，我们变得更像朋友了。这并不容易，而我是那个离开的人。这段感情给两人都造成了压力，所以我们最终同意只做朋友。实际上，我们在没有深入交往前就已经是朋友了。我真的把她当作我的朋友，现在我们关系很好，没有什么监护权协议，只有信任。

女儿莱拉出生于 2018 年 3 月 4 日。她妈妈名叫阿莱娜 · 安德森。我是通过一个共同的朋友认识她的。她来自芝加哥，比我小 6 岁左右。

PJ 的意思是小小熊（Pooh Junior），而阿莱娜给莱拉取了名字。我们约定，如果是男孩，就由我取名，如果是女孩，就由她取名。

2019 年，我们有了第二个儿子伦敦，我感到很幸福。

除了在赛场上，我和 NBA 球员没什么交情。离开球场后，我的生活截然不同，尤其是现在。当然，早些年我常常去夜店，不过依旧不是和 NBA 球员一起。他们都是好人，我一直和所有人相处得很好，但这不是我喜欢的生活。我总想和兰德尔等朋友或我的家人在一起。现在，阿莱娜经常和我一起旅行。

有几个时期，我不确定我是否还能打球，在尼克斯、在骑士都是如此，但我是有私心的。我有钱，有保障，然而，我的钱是为了退役后设立基金会预留的。我已经做了一些这样的事：为芝加哥课后事务组织捐款、设立罗斯学者奖学金、资助葬礼、修缮默里公园。然而，我真的很想在退役之后去做一些严肃的事情——生意上的事。这事关回报社会。我还没有完全投入其中，因为我想在我能把所有时间都投入其中时再做这件事，当下我还要打篮球。我真的希望能帮助孩子，孩子对我来说就是一切，我觉得生活就是要付出。

我花我该花的钱，但是我的钱是给我孩子的，我希望他们过得好。我正在设立信托基金，并准备让他们参与进来，比如让他们习惯于处理钱财事宜。令我欢喜的是，我能给儿子买名牌衣服，但他对此完全不屑一顾。当然，其他人会告诉他，他拥有什么。我喜欢他的满不在乎。他只是一个普通的孩子，我很高兴没有人再像我们这样担心了。我的家人不喜欢我喜欢的东西，这就是我爱我家人的地方。就像我说的，我其实很追求物质享受，尽管我不怎么表现出来。家人从我送他们的礼物中对那些衣物有所了解，他们会说："这件衣服很好，但你知道，我还是想要那件 25 美元的塔吉特衬衫。"

哥哥雷吉所做的就是让我有能力掌控自己的生活。早些年，他们很恼火，称哥哥好像控制欲很强。我出生以来就很随性，一直如此。唯一的改变？我学聪明了。这是我最讨厌的地方。哥哥们知道，在任何立场、任何事情上，我总会按自己的意见发声，我会表达我的感受，我想做什么，一向如此。我试着以一种尊重的方式去做，但这就是我。我始终感觉到那种独立。芝加哥让我学会了生存。

我始终相信并信任他人，但在与人打交道时，我能看出人的品性。我的财务顾问，遇到她时，我与她一拍即合，她现在更像我的姨妈。

我信任她为我找的私人银行。我只在我的信托基金上投钱，三年期或五年期的。我可能要承担一些风险,但大多数情况下我还是比较保守的。

我现在已经掌握如何做到这一点，但最初，她让我参加所有与银行家进行的理财会议，以了解其运行机制。我并不了解股权、债券之类的东西。我学习、研究、读相关材料，看视频，参加长达3小时的会议，听与会者所说的话，后来我开始挣到更多的钱。我承认，我对我必须交那么多的税感到不满，由此，我对人寿保险、遗嘱以及为保证投资多样化所需的不同金融工具产生了更大兴趣。我弄清楚了所有事情，如果我发生什么事，我会把我的东西直接传给我的孩子。

我不做高风险投资，比如房地产和我不了解的东西，或者和我不认识的人一起投资。我不做这样的投资。我始终觉得，如果我想投资什么东西（我最终会的），我想做“魔术师”约翰逊那样的生意。他的生意能改变你的生活。我不只是想赚钱，我希望做点能改变人们的生活并影响社区的事。我还没做太多那样的事。现在我可以很轻易地在某件事上写上我的名字，或者做点什么，但我不想这样做。这就是为什么我还没有创立基金会。我希望我能穿着西装去上班,他们会说：“德里克,这是你今天的日程安排。这是我们今天和孩子们一起做的事。”“好的，让我们把这件事办好。”我希望能亲力亲为，参与其中，看看进展以及如何做到，并成为其中一部分。

我希望做出改变。我希望先建一些场馆，如果我的家人有意愿，他们可以在场馆里工作，无论是谁的孩子都可以去玩，不完全是男孩女孩俱乐部那样，而是一个有球馆的组织。如果你想在这片地区给孩子们办个活动，你只需要把场馆封闭几小时给他们用就行了，比如从上午9点到12点有一场联赛，或是有训练，就把场馆关闭了。然后从12点到下午1点，再把这个地区的孩子放进来。这样他们就明白，在某段时间里，这是他们的场馆。一天安排两个时段，孩子们可以在场馆里做任何他们想做的事，以这种方式体验场馆的氛围。

夏天，我喜欢待在洛杉矶。一个原因是我想和"魔术师"约翰逊谈谈，他会给我介绍拥有这些建筑和房地产的人，告诉我他打理生意的经验。看看"魔术师"在孩子身上的投入，比如电影院。我喜欢电影院，我去过很多次他的电影院。

我感觉我总在照顾他人，因为这就是成长的方式。在我们家，在我们的社区，我必须照顾别人才能生存。我总在说："用正确的方式做事，我不会动用我的钱，我的积蓄。我总是花我挣来的钱，不去动储蓄的钱。"我想说的是，看到那些对账表上的数字，让我感到很卑微，但是我的生活确实很简单。

我吃得很简单，我不吃鱼肉和牛排，只吃火鸡肉和鸡肉。我成长过程中，一直是妈妈做饭，她喜欢下厨。那时候我吃得很多，我认为，这也是我不再吃牛排的一个原因。因为年轻时你会买牛排，但牛排的等级、质量会如何呢？我们从街角商店买牛排，或者不管它到底是什么，所以你可以想象它有多难吃。我想这就是我不喜欢牛排及其口感的原因。这根本不能称之为优质牛排。在比赛当天，我总是吃意大利面和一个三明治。以前我很喜欢吃赛百味三明治。赛前吃点意大利面，再配上鸡肉或土豆，就可以了。我不会吃完全部，只吃一半。有时比赛结束后会出去吃东西，但大部分时间还是回家，和朋友一起聊天和复盘比赛。

跟阿莱娜在一起，我们可以在客场城市随处吃饭。我喜欢意大利菜和中国菜。我们主要是在纽约、迈阿密、洛杉矶、波士顿、新奥尔良、多伦多等大城市时出去吃饭。在客场，我经常独自去看电影。阿莱娜不喜欢恐怖片，所以我会独自去看恐怖片，我喜欢这种类型的电影。但至于去饭店，我必须有人陪。我只喜欢那样吃饭，如果没人陪，我就会待在酒店房间里。在客场，我会看场电影，然后回酒店。我从来没有真正地伪装过自己。我身高一般，不像那些 1.98 米、2.03 米高的球员。只要我戴个帽子就能混入人群，低着头走路就行了。

说到联盟中的客场，我喜欢场面大的，比如勒布朗 · 詹姆斯效力的湖人，我迫不及待地想对上他们了。这让我想起在芝加哥的户外比赛，球场周围到处都是人，他们大喊大叫，相互嘲讽着。我喜欢那些嚯嚯啊啊的喊声，我喜欢人群在你打成一个战术时的反应，这表明他们看懂了，他们意识到比赛中发生了什么。看上去也许是个很简单的战术，但是他们会惊叹："哦，天哪，这球传得真漂亮！"我喜欢在这种地方打球。

比如在费城打球，他们会叫嚷出很多垃圾话。有个家伙拿着"没考过 SAT"的牌子让我签名。你知道那个在比赛中在牌子上写字的家伙吗？他在胡写乱画。给我看的时候，他都快笑死了。我能够尊重这种垃圾话，我也笑了起来。我喜欢这种事，这就是为什么我在费城和波士顿客场总会打爆对手。很好的投篮场地，湖人的斯台普斯球馆同样很棒，我也喜欢菲尼克斯太阳和金州勇士的球馆。

在费城和波士顿，球迷们会大喊一些“你是垃圾”之类的话，但这些都是我的动力之源，“好啊，这就是我们现在的处境吗？看好了，下一球我会打进的，看你们还会不会这么看待我。”你得感受它，这对球迷来说也有好处。我在场下不是这样的，但上场后我就变了一个人。在芝加哥，人们怎么说来着？绝不退缩。在场上，我不需要喋喋不休，我什么都用不着说，我可以展现给你。

我感觉在公牛的最后一段时间，我正慢慢恢复，逐渐回到正轨。但是你可以说这就是命——情况在变化。你与某人待在一起，朝夕相处，但是情况正在发生变化，然后，其他人出现了。我感觉，随着吉米·巴特勒的到来，公牛和我的关系就变成了这样。吉米真的很想得到一些东西。我一直都接受吉米，不管他们在媒体上怎么说。我接受所有队友，与队友相处就应该这样。我与吉米从未有过矛盾，没有冲突和争吵，什么都没有。实际上，他在明尼苏达森林狼深陷交易风波时，他向我吐露了心声，我给了他忠告。我理解他正经历的事，也理解他不该遭受这些事。我们一直在互发短信。我告诉他，别让这些事影响他的状态。当时，我和所有队友都有交流，比以往任何时候交流得都多。我明白我是个老将，我必须成为球队领袖，并积极发声，尽管这从来都不是我的风格。

我效力公牛时，人们总想炮制一些我和吉米之间的争端，他们希望看到我们针锋相对，然后隔岸观火，说：“那些人很坏。”煽风点火

后还说 ：“让我们看看两个黑人的对决。”

不，我和吉米之间没有这样的事，但我要说的是，我加盟森林狼时，他变得不一样了。我并不是说他在公牛时是个混蛋，而在森林狼，他成了更自信的老将。交易风波和训练营风波，那是两回事。要知道，在公牛时我确实给他买了那块表，意在表明 ：“兄弟，我不是他们说的那样。”那是我给队友的一点心意，我记得那块表大概花了 15000 美元。我是个老将，有时我必须宠一下我的队友。我还对我的家人、朋友和队友做过类似的事，就像我说的，我们喜欢慷慨。

我知道公牛队的情况正在发生变化，但我必须专注于打球。2014 年赛季结束时，我又接受了一次手术，但我复出参加了季后赛。我们击败了密尔沃基雄鹿，尽管那场比赛我在防守上让我们付出了代价，当时杰里 · 贝勒斯利用我的失误过掉我得分。我们赢得了那个系列赛，然后又对上勒布朗。在第三场比赛，我投篮命中后，我以为我们赢了。我那记绝杀球不是故意打板的，然后在第四场，勒布朗命中了绝杀，我们没能赢得系列赛，但那个球本不该左右比赛的。我们应该赢得那场比赛，但是裁判没关注场上情况，又或许他们看到了，谁知道呢，但他们确实伤害了我们。我们又一次输给了勒布朗。不过，这次失利确实发人深思。

第三场那记绝杀很酷，命中那球之后，我确实有些反应，只是为了让他们知道我们仍在战斗。你懂的，我们已经与他们战斗多年。即使我们在常规赛成绩很好，他们也会在季后赛一次次地阻击我们，周而复始。即便勒布朗去了热火，情况也依旧如此。对此，我的想法之一就是："我们仍在这里战斗，想赢我们没那么容易。"当你的对手是这样一名球员，这样一支球队时，你必须不断战斗，以展现出那种韧劲。说到第四场比赛，拜托，骑士主教练大卫·布拉特在他们没有暂停的时候叫了暂停，他应该被吹罚技术犯规的，这样比赛就结束了，我们会以系列赛大比分 3 比 1 领先。

该死，我看到了，我们立马就注意了。锡伯杜经常告诉我们还有多少次暂停、对手有多少次暂停，如果他们要犯规，情况会怎样。如果你了解锡伯杜，他总是准备最充分的那个。布拉特一直在场上叫暂停，就当着裁判的面，每个人都知道。

然后，勒布朗命中了那记球，真是祸不单行。我心想："哦！他投进那该死的球了！"我想像个孩子一样爆发，就像输掉了一场少年棒球联盟的比赛。就像裁判欺骗了我，我想大声抱怨。但是，我们对此的态度始终是，还有更多比赛，联盟就是如此。本不该出现这样的情况，因为布拉特就在场上喊着要暂停，我们都看到了。

我们都意识到，锡伯杜和公牛管理层关系不好。只是我们觉得，我们之间的关系非常密切，我们以为赢球就能解决这个问题。只要赢就好。就像联盟中的其他事情，只要你赢了，一切都会被掩盖起来。锡伯杜从来没有对我们说过这些事，他从不会把我牵扯进他的个人问题。

然而，那个赛季后，管理层更换了教练组成员。突然间，我的公牛生涯似乎也要结束了。不是我想这样，也不是有人说了什么，但是事情还是发生了。比如，球队第一次训练时，我被泰·吉布森肘击了面部。此后几个月，我看东西一直有重影。你觉得这是个征兆吗？

复出之后，我不得不靠一只眼睛投篮。没有胡扯，靠一只眼睛。我早早地复出了，这样不至于影响我当时锻炼出的身体状态。我试着摆脱困境，尽管经历了这些，我感觉那赛季我打得不错。但是，尝试克服影响，使视野对焦，并不容易，还要试着弄清与篮筐之间的距离。我开始打板投篮，我不得不尝试些对策。

然而，批评家越来越多。我感觉我已经取得了很大进步。我记得我在 43 场比赛中打了 40 场，直到全明星赛后我的膝盖出了状况。接着我在季后赛前复出，打了最后四五场常规赛。后来，在弗雷德·霍伊博格执教的第一个赛季，我最终打了 66 场比赛。我连续打了几场比赛，以证明我可以出战，但是球队的氛围变了，发生了很多事。

泰·吉布森在训练营肘击我时，还崩掉了我 9 颗牙齿，此后，我的头很痛，有点像偏头痛。我不得不接受眼科治疗，在那里我要读那些字母，看那些特定的形状，来恢复我的视力。我接受了几个月这种治疗。

在某些方面，这次受伤是最糟糕的，因为我不能让我的血压升高。我不能有性生活，因为我的血压升高了，就会影响到我的眼睛。医生告诉我，我不能激动，不能看电影。他们基本上是让我一个人，什么也别做，因为如果血液进入眼里，眼睛可能会受到损伤，并且是永久性的。这种情况持续了三周到一个月。

嘿，这恰恰是我的故事。我认为，人们并不了解那样的我，但我觉得他们可以感觉得到，感觉到我身上那些引起他们共鸣的地方。你知道，有些时候，你表面看起来不错，但内心正处于挣扎之中。

上个赛季，乔金·诺阿中途受伤，赛季报销了。吉米·巴特勒和弗雷德·霍伊博格发生冲突，之后吉米和诺阿也发生了冲突。球队开始输球，之后局势逐渐失控，发生了吉米·巴特勒希望担任球队控卫，与球队出现分歧等事件。事实上，我很冷静，因为我在打那些连续的比赛，这对我来说很重要。不过，球队里发生了太多古怪的事。我不确定是什么原因，但是吉米·巴特勒不跟我们一起换衣服。那个赛季，他经常跟教练一起换衣服，也不待在更衣室。我得说，我以前从未见过这种情况。把自己与球队割裂开,你还怎么认为我们是一个团队呢？当然，我受到了指责。乔金·诺阿看到这种情况，与吉米·巴特勒发生了争执，球队出现了太多裂痕。

看起来我们可能无法打进季后赛，于是在赛季接近尾声时我们召开了球队会议。以前在公牛时，我们从来不需要开这种会。吉米·巴特勒和乔金·诺阿在会上发了言，我从不在会上说什么，因为发言总会被泄露。乔金没有出战，所以他真的不知道球队状况。我坐在那里，装作不知道发生了什么，只是把一切看在眼里，但我对实际问题心知肚明。

乔金批评我不发声，说我是球队领袖之一。事实上，这不是我的错。毕竟，“乔金，你不在队里，所以你不应该说任何话”。但是我让他说了，因为我不想争吵。我想听队员把一切挑明了，然后我会和本杰明·罗伊·阿姆斯特朗谈谈，商讨出一个计划。接着，吉米对教练组发飙了，不过他们什么也没说。结果吉米和乔金吵了起来。那个赛季的事情真的很疯狂。到了赛季末，尽管我不知道我将离队，但看起来我就是下一个了。那个赛季发生的所有事件，以及媒体炒作令我感到愤怒。我以为我已做好心理准备，但其实并没有。当听到我被交易的消息时，我情绪很激动，整个人崩溃了。离开芝加哥在某种程度上就像死过一次。我想过这件事，但我感觉，即便一切都在进行中，我依然不相信交易真的会发生。这件事太令人难熬了。

总体而言，我在公牛度过了一段很棒的时光，甚至还在白宫打了球。你能想象会有这种事吗？带着好兄弟乔金·诺阿一起去白宫，我会更自在一些。我们只是坐在那里，与奥巴马总统聊天，感受着白宫整体的氛围。我拍了照，这是我能为我的孩子保留的东西。我们谈论芝加哥，谈论公牛队，奥巴马总统甚至知道球队的一些小事。直到我见到他本人，我才知道他是这样忠实的公牛球迷。实际上，听他谈论球队的方式，可以看出他真的了解球队。

然后，他邀请我参加海军码头的募捐活动，我以为我去那里是听他侃侃而谈。本杰明·罗伊·阿姆斯特朗把我拉到一边，说他们可能希望我做个开场白。我的反应是："我没准备好啊，兄弟。你是什么意思？他们为什么不在我来之前告诉我？"我在2万人面前打球，都比不上在这个舞台上的紧张。这就像一次千载难逢的时刻。我上台并完成了致辞。本杰明·罗伊·阿姆斯特朗和我最好的朋友兰德尔站在身后支持我，以免我说不出话。

不过，接近赛季尾声时，事情愈发古怪起来。赛季最后两场比赛，我们已经确定无缘季后赛了，但是公牛管理层说我必须出战。我熬过了这个赛季，不想再冒任何风险。其实，我的身体状况依然不太对劲，所以我们告知球队管理层，希望与他们谈谈。

我和雷吉找公牛队谈了最后两场比赛的事情。我们去了办公室，他们让我发泄了情绪。我有话要说，那是一种宣泄。

只剩两场比赛了，你们也看到我为复出所做的一切努力，我在面部骨折后还带伤打球。我又何必为了两场比赛诈伤呢？这有什么问题呢？所以我们去了球队办公室，我说："我经历了一大堆该死的伤病。赛季就剩两场比赛，而且这两场比赛并不能把我们带进季后赛。"你们知道没进季后赛的球队如何做。我感觉我足够健康，但我的身体状况称不上很棒，值得为两场比赛冒险吗？他们怼道："为了球迷而战。"为了球迷？去他的吧。哥哥立刻打断他们："你们什么意思？为了球迷？这两场比赛根本没有任何意义。"

当然，最后两场比赛，很可笑，吉米·巴特勒打什么位置？控卫。我只能呵呵。不，我并不感到困扰，我知道是怎么回事，我又不是傻子。

现实就是这样，对当时的我是这样，后来吉米·巴特勒在森林狼时，对他也是这样。我加盟森林狼的那个夏天，吉米·巴特勒拒绝了森林狼开出的 1.1 亿美元合同。29 岁？还有膝伤？他们早晚会反击你，让你看起来好像你只在乎钱。我明白是怎么回事。他们就是这样对待吉米·巴特勒，想让他成为那个恶人。现在只要受伤，他们就会对你下毒手："我们想先看到我们值不值得花钱。"

我可以预见这种情况的发生。在公牛时，情况逐渐变成了："我们打算改变球队的方向。”

我当时还没有完全理解。那次接触的两周后，本杰明·罗伊·阿姆斯特朗说：“好吧，兄弟，我一直听说你的下家是纽约。”然后就没消息了，再后来一个电话打来，我被交易了。

是时候了，但还是很难接受，我仿佛跌入了谷底。当时我正在制作我的纪录片，这件事刺痛了我，我情绪崩溃，于是放声大哭。真的，我没有说谎，我知道发生的一切，但那可是芝加哥，那是造就我的地方。我刚拍完纪录片就被交易了，这太令我难过了。我的心情就像我膝关节前交叉韧带撕裂后和妈妈待在医院时一样。我感觉一切又都结束了，另一个转折点，尽管我知道我仍会继续打球。

关于最后两场比赛的会谈结束后，我们真的没有嫌隙。“这只是沟通不畅而已，你只需把想法告诉我们就行。”会谈及所有一切都以微笑收场。我没有对他们大吼大叫，什么都没有，我只是像个男人那样跟他们对话。那一刻，我只是个维护我自己的年轻男人，我为我的所作所为感到骄傲。“你们以为我沉默寡言，我知道你们可能觉得我很笨，但我知道究竟发生了什么。”

他们也许对此有所畏惧。有了这本书，我知道人们看到我说这么多，会感到惊讶。即使我说几个字母，他们也会发出“哇”的惊叹声。我应该录一段我说字母的视频，人们一定会鼓掌，但不会困扰我，这就是可笑之处。因为你们真的不了解我，所以无论我说什么，你们都会感到震惊。

我告诉他们我所看到的一切。通常，我话不多，但一切都看在眼里。我是个年轻男人，哥哥会看到我身处商业氛围中，处理得很专业。我感觉我的处理方式很好，该说的话必须说，自身的权益要捍卫，然后，我们就相安无事了。

我知道有些人是如何想的，很多篮球球员也是这么想的。当我跟别人说话时，他们甚至很惊讶我还能说话，有时我也很惊讶："哇，你们真的以为我是哑巴。"但这也让我的工作成了世界上最好的工作。我不需要伪装，不需要在工作中批评别人，不需要假装我喜欢或不喜欢某人。我足够幸运做我自己，并对我行我素感到自在。我足够幸运，即便如此行事还是取得了成功，这是一种福气。

我很感激公牛队把我送到纽约尼克斯，他们本可以把我交易到其他地方。纽约是个大都会，球市和球迷都很棒，离芝加哥也很近。我当然想留在芝加哥，但我真的很高兴公牛队还能这样照顾我，我向他们表示敬意。他们本可以像克利夫兰骑士那样，把我送去犹他爵士。这也是我喜欢回芝加哥与他们一起打球的原因之一。我得感激这一点。他们把我送到另一个大球市，一支我认为有机会夺冠的球队。只是我终究没能为我的家乡拿到那个冠军，那是我全部的爱。

我总在说，杰里·莱因斯多夫真的教会我很多，让我看到一些不同的东西，让我学会如何处理钱财、如何正确地待人处事。他现在依然开着凯迪拉克去上班，我喜欢他这一点。

11

媒体笔下的我

听着，这是我自己选择的事业，所以我确实不能有太多抱怨。我从未发推特之类的说我讨厌媒体，这种事从来没有过。有人问我什么，我就如实回答，我一直是这样的人。但是，情况突然变成："哦，天哪，我不能相信他那样说！"有一段时间我和媒体的关系很紧张，我从未想过会发生这种事。

我不知道有谁经历过同我一样的媒体风波。我不是说其他球员在面对媒体时没有遭遇麻烦，可是，在你家乡会发生那样的事情吗？告诉我，有谁经历过这样的事，而我到底做了什么？我没有殴打任何人，没有偷东西，也没有伤害别人。我说的有些话，可能你不想听，或者你觉得不对，但我只是有话直说而已。

我从来不擅长玩这种游戏——媒体游戏，你懂的。我不喜欢说废话。如果我不喜欢你，我就不会同你说话，否则，你会感觉到的。我不会跟你废话，也不会当面奚落你。随着年龄的增长，阅历的增加，我尽量避免成为一个说废话的人。

问题在于，我已经身处一个人人都在敷衍塞责的职业，所以我应该随波逐流，还是保持自我？我想告诉你我的感受，也许这并不是你希望听到的，但人们都能够理解。我是个坏人吗？又不是只有我一个人，很多人都经历过，我知道这一点。我看到勒布朗与迈阿密热火之间的事情，凯文·杜兰特也因为加盟勇士受到诸多非议。只是在芝加哥，事情发生的方式很滑稽。一分钟前，我还是他们的最爱，成功的芝加哥之子。随后，我就成了坏人？离开球队？凭什么？

显然，我的伤病与此有很大关系，但是拜托，我才是那个受伤的人，这是我的事业，我才是那个在医院里想着自己职业生涯要终结的人。你们仔细想想，当时我多大，24 岁？他们认为我不想打球了。我努力复出，但我真的无法复出。现在你们知道我康复要花多少时间了，可那时候根本没人愿意听这些。

然后，有几次，我说了一些我的想法，也许说出来的效果并不像他们想听的那样，但我只不过直言不讳，不说废话而已。怎么，你们接受不了？我说的都是其他人会说的话。

其中一次是我在波特兰受伤，赛季报销后伤愈复出，于是我说（我还查了一下话是如何传出来的）："我感觉我把自己管理得很好，我知道很多人看到我缺席都很生气，但是我认为很多人不明白，我缺席赛季不是为了这一年，我考虑的是长远规划，我想到的是退役之后，我还要参加毕业典礼，出席会议。我不想因为过去做的事情，在开会或我儿子的毕业典礼上，感到浑身酸痛。我只是吸取教训，变聪明了。”

第二年整个夏天，每个人都在讨论工资帽带来的影响，你们看到有些球员签下数额惊人的大合同，所以我只想对媒体说：“嘿，我要让你们知道，整个夏天我都两耳不闻天下事。”这不是什么废话。我的心态就是确保我每天都训练，尽可能多地陪儿子，我只专注这两件事。我要确保我的家庭经济稳定，直到看到他们在联盟里拿出那笔钱。

我只是实话实说，我知道我的职业生涯有限，这些钱是为了我的孩子和他们的未来，所以我才会考虑这个问题。说到那么大一笔钱，我唯一能做的就是做好准备。我不仅在为我自己做准备，还有我家人，我只不过是说出了我们所有人的想法。尽管我们过得不错，生活很舒适，但谈到钱，我想这会引起所有人的注意。所以，过度准备也无可厚非。

当我表现出对自己的爱，或是表明我在乎我自己时，批评我的人总是对此横加指责。可事实就是这样，处在这个地位，我还该做篮球比赛的奴隶、做联盟体制的奴隶吗？我的身体和健康还是我最不该在乎的东西吗？实际上，这些才是第一位的。这就是我要说的，和其他人说的都一样。

我现在是这么说的，早些年，我说的是我当时的感受，但是我给你们展现了什么？我一次又一次复出，回归赛场，不断站起来。我没有逃避媒体，没有让人把我挡住，让你们看不到我，不能跟我说话。

我就在那里，我说要注意健康，关心家人，希望为了我家人和儿子保持健康，这有什么不对？我对天发誓，我最近还听到沙奎尔·奥尼尔说，他在职业生涯中也有同样的感受，谈到他的孩子，他和我说的一样。以前就这个问题，他们在 TNT 节目上喷我。还有巴克利，你们知道他做的那些事——被捕过——好像他知道如何做正确的事？他们问奥尼尔关于他儿子上大学的事，他说："哦，我想去看他的大学比赛。"这跟我说的不是一回事吗？

你们也看到同样的事情发生在科怀·伦纳德在马刺最后一个赛季。你们会觉得："这是怎么回事？"不过，他的情况不同的是，他们仍然可以从他身上赚钱，所以他比较安全。他们感觉我"完蛋了"。你们懂我的意思吗？他们认为："我们不需要他了，可以贬损他。"媒体上有人唱衰科怀·伦纳德，但联盟知道他们还能从他身上赚钱，所以他们不会搞臭他的名声。而对我，他们想的是："他有重伤在身，我们押宝其他人吧。"

人们认为我是个狂妄、鲁莽、不守规矩的人。我不是这样的人。我想说的是，一切为了我儿子，他是我打比赛的重要原因。我爸爸不在身边，妈妈就是我的榜样。我希望成为儿子的榜样，成为那个我不曾拥有的爸爸。他将来会做他想做的事，但有朝一日他会说："天哪，爸爸是对的。"这会让他的心灵受到震撼。

你知道，其实我从来没有想过要出名，就像本杰明·罗伊·阿姆斯特朗曾跟我说的，我是个矛盾体。我性格安静，却有华丽的球风。我华丽的球风令人惊叹，但我又不想受人关注。当我这样打球时，人们会认为这就是我，他们希望我成为那样的人。我不是那样的人，我从来没想过挖掘我的名声。但这就是他们希望我成为的人，一旦我尝试保持自我，对他们来说那就是错误的事。“不！你应该是那样的人！”然后我解释一番，他们又说：“不，我不喜欢他这样。”

你看，我在赛季初公开谈论自由市场时，和所有球员一样，都在考虑钱的问题。钱来自电视转播费，那个夏天在洛杉矶，所有球员都在谈论这件事，我们的经纪人也跟我们说了。很多球员在洛杉矶，你听说的情况就是这样。所以那时有人问我发生什么了，我就说了。但同时，他们还在算我能拿多少钱。嘿，你一个成年人，却在操心另一个成年人的钱？拜托，我从本杰明·罗伊·阿姆斯特朗的话里听出弦外音：“电视转播的钱马上到位了，一切都会由此改变。”我们不该谈论这件事吗？

我不得不说，我得到内部的独家新闻，而且我明白这意味着什么，我只不过对你们所有人实话实说而已。我也解释了，不是说我不在乎队友，拜托，我一直都在努力帮助队友，使他们更有机会拿奖学金、进联盟打球。是的，我努力训练，因为我看到了未来的发展。2015 年我度过了一个很棒的夏季，我有机会在此真正得到这笔钱。

没错，我会谈论这件事，为什么不呢？谁不是为了钱而打球的？我一直在说，我想留在公牛，而不是以自由球员辗转于各球队，这是每一个球员的权利。我的目标就是留在公牛，这样我的孩子看我打球时就会说：“天哪，你们在这里干出了一番事业。”我没那么在乎钱，我喜欢钱是因为我可以用它照顾我的家人，为人们、为孩子做点事。为什么他们会说我拿的钱够多了，而不是说那些商人、搞计算机的，或苹果公司的人？所以我才说："你们为什么要盯着我的钱包？"难道你们想让我对明年240亿美元的资金流入联盟的事实装傻？

我知道我不应该谈钱，而且钱也不是我们打球的动力，但是球员都在谈钱，我跟上班族也有接触，你们哪个同事不谈钱，不谈论这个人挣了多少，那个人挣了多少？那些大公司的首席执行官呢，他们又挣多少？你有多少次听人说，这些人不该挣那么多钱？那么篮球球员怎么就不该挣钱了？我知道金额很惊人，但是我们也是为别人工作。比起老板，人们应该更认同我们。

我看了很多纪录片，看到关于铁路和石油公司的事，在过去的日子里，老板如何利用工人，然后，他们会给一些工人更多钱，试图让底层的工人反对他们，这样上面的老板就安全了。这都是同样的事情。就像20世纪70年代奥斯卡·罗伯特森和其他人为球员争取自由球员的权利一样。如果你不站出来说点什么，老板就会保留一切利益。我知道NBA球员和普通工会的工人不一样，但是我们同样在为他人工作，我们也会谈钱。这不意味我们不在乎工作、不努力工作或不努力打球。我们很在乎。

就像我在夺得MVP，联盟停摆后收到公牛队的第一个大合同，我当时并没有意识到合同有多大。但是，我要告诉你一件我一直引以为豪的事，那就是联盟从此拥有了一条条款——劳资协议中的德里克·罗斯条款。我必须为此感谢我的经纪人阿恩·特勒姆和本杰明·罗伊·阿姆斯特朗，他们始终待我如家人。你知道我跟本杰明·罗伊·阿姆斯特朗的关系有多亲密，阿恩·特勒姆现在对我来说依然像家人。这是他们制定的规则，一名球员可以得到工资帽 30% 的薪水，由于获得 MVP，我是当时唯一有资格的人。其他人也可以获得资格，但这不仅仅是钱的问题。这表明，如果你努力，你就会得到工资帽和联盟收益一定比例的薪水，这是正确的事。

这就是奥斯卡等球员所追求的。每个人都说他们疯了或太贪婪了，但他们是为了掌控自己的职业生涯，是为我们、为未来而奋斗。我们何其幸运，很早以前就有球员明白这一切将会有怎样的意义。罗斯条款？大概退役后，我才会对此有更深的体会。但是，知道有条以我名字命名的条款，是一件奇妙的事，是一种殊荣。

得到新秀合同就是件很棒的事了，难以想象我还能拿这么一大笔钱。在我拿到阿迪达斯合同时，说实话，我开始感到紧张了。我和朋友们在一个房间里聊天，他们说我拿到这笔钱后，一切都会发生怎样的改变。他们说我将无法在大街上行走，无法做这个、做那个了。我们对此哈哈大笑，但这确实吓到我了。

你们也知道这是怎么回事。后来，我的名字占据头版头条，关于伤病，关于 MVP 之类的。媒体发问：“他是不是完了？”那时候任何关于我的话题、任何我说的话都是热门，尤其是在我实话实说的时候。他们喜欢我说实话，这样他们就可以说：“很好，现在我们揪住你了。”但是我又能做什么呢？像迈克尔·乔丹这样的球员可以找艾哈迈德·拉沙德做个专访，他所有的事情就被理顺了。科比·布莱恩特可以找斯蒂芬·史密斯，勒布朗可以找那个《体育画报》的记者，来说清他的意思。可谁是那个可以传达我本意的记者呢？

在我所处的市场，不管我说什么，只要我说了，他们似乎总会扭曲我说的话，我不知道这是为什么。芝加哥是我的家乡，我说的都是实话。我听球员现在接受采访时说："我希望我老时还能走路。"我这样说时，就变成了："你考虑的是你自己，不是你的球队，嘿，你没有倾尽全力。"我全力以赴地训练，经历一次又一次康复过程。他们不断抛出狗屎话，我对此喋喋不休又有何意义？所以，有时我只说真话。

我变得沉默，越来越沉默。我承认，我只和朋友有很多交流。朋友告诉我："他们在尝试给你下套。"某些时候，你们听说我在特定问题上站位，或说了什么，我想的是："我不会受任何人控制，我会说我想说的话。我不会伤害任何人，只是实话实说而已。你们都说你们想要这种诚实，但实际上你们并不想要，你们只想听自己想听的东西。"我在这个不平衡、不公平的环境下打球，我不知道该相信谁，我只想打球。我知道这只是媒体中的个例，但你的名字以这种方式曝光，你会憎恶其对你家人的影响。

球员们理解这一点。我很感谢贾巴里·帕克 2018 年 7 月加盟公牛后在媒体发布会上所说的话。他说我是芝加哥最好的球员之一，他很仰慕我的成就。听到这种赞美对我来说意义重大。我与媒体的关系和许多其他球员不同，我很注意我的言辞。听他这么说，听到其他人对此的评价，让我感觉不错。

我当时的心态不一样。受伤后，我感觉我不能退缩。你们知道，我在芝加哥长大，我感觉我受到攻击时不能在敌人面前退缩。我决定不给出深思熟虑的答复，我改变了。我坚持认为：“我要摆出一副我不想待在这里的样子，因为你们这些该死的每天都在故意骚扰我。”我很生气。

直到来纽约，我才真正意识到，我本应该成为芝加哥的宠儿。回想起来，我很幸运能在一个新的环境，和新的人在一起，对此我很高兴。纽约媒体也提问，有些确实很尖刻，但这种事不常见。不像在芝加哥时，他们会费尽心机调查你，或试图坐实一些子虚乌有的事。

是钱的问题吗？“你拿着2000万美元的薪水，为什么不出战？”没有人觉得他们能掌控我，我想这让他们很不爽。所以我决定不接受专访，也不给他们任何关于球队情况的暗示。

你看，媒体上那些每天报道你的男男女女就是这样，他们也是人，有些人可能有嫉妒之心，并通过他们打在电脑上的文字表现这种嫉妒。在你的采访中，他们会问一些会引起争议的问题，有些人公然这么做，我从来没在其他地方经历过。有人问你这样的问题，每个人都惊叹：“天哪，我不敢相信他居然问你这个。”但是之后没人会说什么，他们翘首以待：“哦？他会说什么？”我猜这就是标题党。

我知道发生了什么，但我并不关注Instagram、推特，以及任何社交媒体。我有时会看朋友的社交媒体，了解发生了什么事，仅此而已。人们在社交媒体上说些废话，谁在乎呢？可是，情况确实到了我感觉我必须为自己辩护的地步。

要说有什么事令我生气，我生气的是没有人支持我，我感觉我在孤军奋战。我觉得我是你们球队的一分子，是你们联盟的一分子，现在有个为你们赚钱的球员被媒体骚扰，你们却什么都不说？发个告知函，“你们不能这样对他，停止吧”，这个他们都做不了？这就是我的感受。也许他们确实不可能这么做，于是我觉得我孑然一身，无依无靠。我觉得如果有人在谈论联盟里的某个人，联盟应该为他发声。但如果我这样说，他们就会把问题闹大。

事态越来越疯狂，在公牛最后一个赛季，我的脸被肘击，眼睛里出现水疱，但他们还是批评我。拜托，伙计，我只有一只眼睛是好的，他们还在骂我？一想起这事我就哈哈大笑，他们认真的吗？

这让我觉得，如果我在芝加哥达成一些伟大成就，他们会不会和以前一样对我？他们会是什么样子？我意识到，我才是那个必须冷静的人。“好吧，别把自己逼疯了，那些人确实不了解情况，他们不知道你实际上经历着什么。”

一段时间后，我不再听人们的议论了。我的家人都知道，不要给我带来会让我心力交瘁和焦虑的事。我不想看到任何文章，如果我偶然看到那种文章，让我自己平复吧。

我们都知道，媒体是生活的一部分，有了媒体，就有了关注和一切，联盟赚钱，我们也赚钱。我理解这一点，但我始终希望，媒体报道至少是公正的。

对我来说，“凭什么我该敞开心扉告诉你们？凭什么你们要拿这个造谣，我还得给你们爆料，而且要按你们想要的方式讲述”？同时，我也不喜欢媒体对我的影响，不喜欢我变成的样子，那不是我。但这些狗屁东西会改变我，我认清了这一点。别让这些改变我，我依然是那个为家人、为孩子、为儿子树立榜样的人。我要成为更好的人，一个正确对待他人的人，即便我没有得到这样的待遇。我想通了，无须在意了。

我想到那些向我索要签名，又在背后说坏话的人。我想到在TNT节目上说我该退役的奥尼尔、巴克利等人。然后，我打得好时，他们又表现出一直支持我的样子。我想到当时的我，把一切藏在心里，把真实的自我隐藏起来。对我来说，我永远不想成为那种类型的人。这就是我想传达给他人的信息，仅此而已。成为我要成为的人，这是一个教训，别再重蹈覆辙。他们可以看到我并不完美，但他们也可以看到一个正在努力的人，这就是我想成为的人。

我对自己当时的行为方式感到懊悔。我错了，我深陷其中。以我在芝加哥的态度和处理整个情况的方式，我本应有更大的气量，但我那时太年轻了。我学会了以更积极的心态应对，不要让他们把我打倒。当然，我可以留给儿子钱，但这些教训更重要。我必须不断学习。芝加哥将永远在我心中，在我的骨子里，那里是我的家乡。

很难过，我承认，这确实伤害了我。但有时为了得偿所愿，我必须经历痛苦。这件事改变了我，我不再那么咄咄逼人。我不听弗兰克·辛纳屈的音乐，但我从他那里学到一句话，他说，成功是最好的复仇。这就是我决定要做的事。出于愤怒，我决心证明人们是错的，但我不会说什么。喝彩也好，盛气凌人也罢，对我而言，我恰恰要展现给你们。

12

在纽约尼克斯的遭遇

是我确实认为，我们将在纽约拥有一支特别的球队。队里有卡梅罗·安东尼和克里斯塔普斯·波尔津吉斯，又签下了乔金·诺阿以及一些不错的板凳球员，有菲尔·杰克逊掌管球队，并且杰夫·霍纳塞克是个好教练。另外，乔金·诺阿是纽约人，这里是他的家乡。我们在芝加哥一起打了很多年球，所以我不需要担心融入球队的问题，也不需要刻意与某个队友拉近关系，因为我已经有个朋友了。

菲尔·杰克逊一直不错。我们之间交流不多，但真正交流时，他说他觉得我很了解比赛，所以与他交流总让我感觉很棒。每一次，我们的话题都是些细节，比如他会讲解如何给低位球员喂球，会问你这种情况下打算传什么类型的球。我会接他的话说 ：“不能击地传，要高吊传，你肯定不想让一个大个子弯腰去接球，等等。”所以他明白我能洞察比赛，他会把我当成教练与我交流。

赛季初，我们有一场对公牛的客场比赛，我和乔金·诺阿回到芝加哥。对阵一支优秀的球队，我们赢得很艰难。但是对我来说，每场比赛都意义重大。每场比赛都让我觉得，这将是不寻常的一年，因为我离开芝加哥，来到纽约，来到麦迪逊广场花园球馆，每个人都喜欢打球，那里拥有很棒的球迷，还有影响力巨大的媒体。来之前，我对尼克斯抱有很高的期望，我很希望每场比赛都有好的表现。纽约拥有最大的球市，我何不努力在那里打出高光表现，争取一个机会呢？

我以为万事俱备，我们将会打出一个绝佳的赛季，而事实恰恰相反，所以这令我心碎。我的确喜欢那个赛季我的表现。前一个赛季我在公牛出战 66 场比赛，这个赛季我出战 64 场比赛，没有打在芝加哥的最后两场比赛。因此，我又可以打背靠背的比赛了，这是我希望的。很多人不这么看，以为我还有伤在身，但我能连续出战了。我去了另一支球队，连续两个赛季都出战六十多场比赛，我觉得伤病的阴霾终于过去了。

但是受性侵案审判的影响，我那个赛季开始得有些晚。洛杉矶联邦法院陪审团认定我们无罪。

我不知道我应该说什么，因为还有上诉。我记得，2018 年 11 月，加利福尼亚州上诉法院听取了口头辩论。据报道，法官对原告律师说：“我查阅了案件记录，被告对那个陈述有强有力的辩护，最终，陪审团相信了。庭审进行了 9 天，陪审团用了多久做出裁决，15 分钟。你们的每一项指控都被驳回了，陪审团对你们的陈述并不买账。没有什么审判是完美的，但是你们提出了案发当晚的证据，陪审团是有机会听到的。”

须知，我确实出席了庭审。我知道那是个民事审判，但我提交给陪审团，我同意让陪审团裁决。我猜你们可能会说，经历这些是有好处的，从这个角度来看，那件事帮助我把精力集中在重要的、优先的事项上。这改变了我的人生，改变了我处理事情的方式。

我不希望再发生这样的事，再因此事受到污蔑，我不希望我的名字再跟类似的事情扯上关系。我是个安静的人，但这件事确实让我大开眼界，看到世界上都在发生什么，看到我可能会遭遇些什么。

那个女人没有说实话。你瞧，我是由妈妈和外祖母带大的，你可以问我遇到过的、相处过的任何一个女人，问问她们，我永远不会是性侵者。因为妈妈和外祖母，我对女性心怀尊敬。我觉得在她们养育我的过程中，她们的人格赋予我很多东西，我永远不会侵犯一名女性，比如对她动手动脚。我从来不这样对待女性。

所以，我没料到会发生这种事，我从中吸取了教训。但这也是妈妈不能忍受的事，她知道那并非真相。这种事她不会多费口舌，她只是让我专注于我需要关注的事。

我还要考虑我的儿子。如果我没有孩子，我大概不会在意这种事，但我有了儿子，我不希望他因为那些说法有任何困扰。如果我设法摆平或对此事三缄其口，就好像我承认我做错了，承认强奸了一个女性，而我没有。

人们让我设法摆平，有些赞助商也走了，这没什么。人们与我分道扬镳完全是他们的权利，我不怪他们，尽管那个女人没有证据——

完全没有。整件事都是她捏造的，这对其他女性影响也不好，因为这可不是开玩笑。

我不是她说的那种人，现在不是，以前也不是。我不应该为了让别人停止中伤我，就付钱封口，不是吗？这就是我出庭的原因。肯定会有很多负面文章，但是我没什么需要隐瞒的。如果审判是公正的，我知道我会没事的。我还知道，我的全部合同也都堪忧，但我想到的只有我的自尊和我的诚信。我由妈妈、外祖母、哥哥抚养长大，这件事也关乎他们。

我承认，一开始我没有认真对待这件事。我对庭审一无所知，以为我们人到场，他们就很容易判断是非，我们只要花一天出庭就能出判决了。我不看《48 小时》《犯罪现场调查》《法律与秩序》，这些节目我都不看。我也没关注辛普森杀妻案，那时候我还太小，对此不感兴趣。我刚刚接触法律，对诽谤和他们说的这些东西一无所知。我只是在战斗，因为我没做过这种事。

他们开始告知我相关情况时，我心想："好吧，这个很快就会结束的。"我没想过这件事会这样曝光于公众面前。情况发生时，我不得不面对。我以为庭审只需两天，结果用了两周。

但这确实让我大开眼界。我只想知道在法庭上我应该怎么做，不错，我得为自己、为我的家人、为我的儿子打这场官司。

他们告诉我，我可以用这个数目把事情了结，但是我告诉他们："不，我什么都没做。"首先，我没想过付她钱，因为我没做过她说的事。其次，我感觉，"如果拿钱解决，她会不断索要更多钱"，这同样是我所考量的问题。最终，我告诉本杰明 · 罗伊 · 阿姆斯特朗，我想捍卫自己。

他告诉我 :“这件事随后会引发很多媒体报道。”他们努力劝说我改变主意。

真的，这是诚信，这部分来源于妈妈和外祖母对我的养育。随外祖母长大，我们学会了如何对待女性。妈妈很受伤，她马上就知道，那是捏造的。拜托伙计，我是个会成全别人的人，我可以容忍你用一定数目的钱和解，但是每个人都是有底线的。针对所有的指控和指责，我感觉为了洗刷污名，打官司是值得的。

准备庭审是个艰难的过程。我和律师待在房间里，他们提问我的方式好像他们是她的律师，而不是我的律师。并无冒犯之意，在庭审中，我们的律师每天都驳斥了对方律师。不过媒体的报道有时让庭审看起来像是她有机会胜诉。如果你每天都旁听庭审，你就不会这么想了。

我趁机向陪审团做了陈述。我没什么要隐瞒的。你们谈论的是一个从来没卖过毒品、没有任何前科的孩子，我站在那个位置，所以我必须捍卫自己。陪审员认为他们是在勒索钱财，我很高兴他们这么认为，因为这是我从一开始就努力传达的意思。

这就是那个疯狂的赛季。由于庭审，我不得不缺席几场季前赛，而比赛是我最关注的。我必须专注于我自己、我的形象和我的性格。在纽约这个城市，你可能会受到诱惑，不过我并没有参与其中。这次我卷入一个非常严重的事件中，我不能等闲视之。

在篮球方面，以菲尔·杰克逊谈到的方式，加上乔金·诺阿和卡梅罗·安东尼，我真的认为我们会打出一番名堂。

但是一到场上，我立刻意识到我们狗屁不是。

整个赛季我都打了，出战六十多场比赛，但是我马上就知道，这不是我所期望的赛季。球队有太多不同的优先级。队中有卡梅罗，你知道他是什么球风，这点无法改变，这就是我在尼克斯所意识到的。卡梅罗人很棒，我喜欢和他在一起，他不会惹是生非。他是个很棒的家伙、精神饱满的人、很棒的队友。

我话不多,但是菲尔·杰克逊能看出我的心思。他告诉我要有耐心，他说我有很多事情要处理，包括庭审和所有事情。他待我很真诚，我敢说，他对我说的一切都是实话。不过我们的关系有点古怪。我效力尼克斯的整个时期，他一直很和善，但他想讨回尼克斯该给他的6000万美元。

至于我，我喜欢菲尔·杰克逊，但是，拜托，伙计，你还要打三角进攻吗？他依然强迫球队打三角进攻。我是喜欢突破攻框的速度型后卫，我可以打三角进攻，但不适合所有球员。卡梅罗打不了，也不想打三角进攻。离开芝加哥后，我对比赛很投入，很想打出点名堂。尼克斯有乔金·诺阿、菲尔·杰克逊和卡梅罗·安东尼，我又离开公牛加盟这里，听上去一切都会变得特别，球队将重新回到赢球的正轨上。

我对球队期望很高，希望能打出好的表现。我感觉到球队的一些闪光点，但我们从未在进攻或防守端建立一种节奏。我感觉我们在场上从未为了赢球付出一些额外的努力，比如积极拼抢，或多传一次球。

有很多场比赛，球队的势头在某一刻突然土崩瓦解。开局我们打得还可以，12 月初胜率在 50% 上下。但是看得出球队在走下坡路，我们知道，崩盘只是时间问题。

我来到这支有天赋的球队，而且还是在东部，我知道我们有希望争冠。管理层努力为卡梅罗打造争冠阵容。卡梅罗不想重建，所以他们为他引入老将，但是他无法与多名核心球员兼容，他得是绝对核心。如果一支球队是联盟前五的水平，以队中球员的天赋，球队应该轻轻松松就能达到 50% 胜率，半程时我们只是勉强将战绩维持在这一水平。这令人沮丧，同时，这一切都不是我们能控制的。以前我和乔金 · 诺阿一直讨论这个问题，菲尔 · 杰克逊希望我们遵循某种特定的打法，我们只得听命于他，你又能怎么办呢?

赛季初，菲尔 · 杰克逊其实没强迫球队采取某种打法。随着时间的推移，我们的打法逐渐转变为三角进攻，几乎整个赛季我们都在这样打比赛。从我们的阵容来说，我觉得霍纳塞克内心深处真的想打出那种节奏更快的风格。但在那个位置上，作为新任主教练，他不得不听从管理层的指示，他很难说什么。他辗转多支球队，被太阳炒了鱿鱼。我猜霍纳塞克厌倦了听三角进攻战术的事，厌倦了为这个问题开球队会议，所以他只是说："我们就这么打了再说吧。"

这也让我们失去了很多东西。知道在比赛中某个时间点会让比赛失去悬念，这让人很难受。你能感觉到，整支球队也能感觉到。可是，每场比赛都是如此。

有几次，我们在一场比赛中自由发挥，最后完成了逆转。菲尔会说：

“你们打的是什么玩意？”我记得有一次我们打败了凯尔特人，菲尔·杰克逊告诉霍纳塞克，他不喜欢我们结束比赛的打法。结果我们赢了，我记得卡梅罗被驱逐出场或其他类似的疯狂事情。[①]（但是菲尔·杰克逊不喜欢我们比赛收官的打法，我心想：“该死的，在联盟里，能赢得一场比赛你应该高兴才对。”

大部分教练在这种情况下会走进来说：“这打法真难看，但是你们赢了,享受你们的夜晚吧,今晚不要太疯狂。”你懂我意思吗？享受胜利，因为在联盟了，想赢一场球都很难。我和科比·布莱恩特聊过三角进攻的事，你们看到这个战术应用于公牛和迈克尔·乔丹，他们可以这么打，并且奏效了。但我们球队阵容是新组建的，球员是新来的，教练也是新上任的。由于卡梅罗·安东尼和他的打法，我们需要一种立竿见影的战术，而且这种三角进攻需要一定时间适应。

我真的很喜欢我在尼克斯效力的经历，这个地方很酷。经历了我公牛时期最后两年的那些事，我意识到我需要休整。

2017 年 1 月的一天，我缺席了尼克斯的比赛，事情就是这样，我只是想回家。我回家陪妈妈，所有家人都来了。这是第一次，也是为数不多的一次，所有家人坐在一起，进行一次认真的讨论。

我本来已经决定不再打球了。我看到我效力公牛期间发生的事又

① 2016/2017 赛季，尼克斯与凯尔特人有四次交手，尼克斯一胜三负，安东尼被驱逐的比赛是 2016 年 11 月 12 日双方的第一次交手，尼克斯以 87 比 115 负于凯尔特人，而尼克斯唯一一胜是 2017 年 1 月 19 日的比赛。这里应该是作者记忆出现了偏差。——译注

在尼克斯重演。我可以预见，这个赛季不会是大家设想的那样，也不会是我设想的那样。我不知道我是否还想打球，尤其是打球开始变得像一个工作。当然，你们知道这是个工作，人们总是这么说。但是，你们清楚篮球就是篮球，一旦开始感觉打球像一个工作，就毫无乐趣可言了。那时候，我打算离开联盟了，因为我没有乐在其中。

现在回想起来，擅自离队可能受了那场官司的影响。但是我对篮球的爱不复从前了，有太多事情让我分心。

是的，很多都是我自己的责任，其实我不必离开球队，但是那时候，我感觉经历那种事的只有我一个。因此，家人劝服我归队。

家人跟我进行了长谈，期间几多泪水，几多哭喊。这很疯狂，但很高兴知道他们对我的支持。在场的人心情复杂，他们了解我，他们明白我清楚自己想做什么。一群人对你说了暖心的话，而另一群人说的却是："去他的吧！这些你都得熬过去，你得上场打球。"

就是在这时候，我意识到联盟是场戏中戏。我不擅长在戏中周旋，不擅长虚与委蛇。由于我的成长地、成长经历，以及我目睹的一切，我努力避免成为虚伪的人，可是我现在的职业要求我这样做。

我感觉没人能理解我，但是妈妈和哥哥们帮助了我。每个人都有不合心意的工作，但他们还是要承担起自己的责任。在这一点上，他们让我明白，我看待打球的方式太自私了。我必须重新找到对篮球的热爱，而且我会的，通过 PJ，我的孩子，我会找到的。

我已经攒够花几辈子的钱，我心想："去他的，伤害我。好啊，我不在乎，我不干了。"但我对工作的这种看法很自私，因为我打算抽身的工作原本很可能在经济上帮助我们，让我们未来的生活更舒适，使我有能力在养活家人之外为他人做一些事。

现在，摆在我面前的问题成了："我即将成为自由球员，我是否希望继续换队？尼克斯会与我续约吗？"我坐下来与家人商谈，我们权衡了所有事情的利弊，列了个清单，并想办法解决。我虚心听取家人的意见，理解他们的出发点。

我还是很难忽视篮球的商业性。我天生热爱篮球比赛。比赛（纯粹是打比赛本身）的某些部分吸引着我，我一直痴迷于此。但在商业方面，我会觉得自己被利用了，我一直很难应对篮球的商业性。

妈妈一直让我奋斗，说一些充满母爱的话，努力鼓励我继续前进。但是我太固执、太倔强了，他们知道我最后大概还是会按自己心意来。这就是为什么有人说是雷吉或者某个人让我做他们希望我做的事时，家人总是付之一笑。他们知道那是个玩笑，但是我不会用不尊重的方式做事。我会听取每个人的意见，按我所希望的方式调整，以此表明这会是个尊重他人的决定。

关键在于我能否一直感到自在，我总在反问自己是否想要打球。就像我说的，我不仅仅是个篮球球员，实际上，正是这一点让我想写一本书，制作自己的纪录片，完全由我自己完成。这样我就可以向人们表明，我不仅仅是个篮球球员。

我不想被看成在一个小商业广告之类的片子里在你们面前跳舞。我希望你们在报纸上读到我时，看到的是商业交易，看到我在做生意，有自己的收入，看到我可以帮助孩子，帮助社区里的人。

我当时太沮丧了，而且我迫不及待地想投身商界，我意识到我有点太急了。家人说 ：“你甚至连计划都没有，目前什么准备都没做。即便你经济稳定了，你打算怎么过渡呢？”

对我来说，家人和朋友组成的圈子就像总统的智库。我信任这些人，而且我只是他们中的一员，不比谁更特别，也不比谁更重要。

正因为如此，我一个关系密切的老友在那个时期与我断交，这件事让人难以理解。我不想说那个人是谁，但他与我一起长大，从记事起我就认识他了，所以这令我很难过。

我为自己的忠诚感到自豪，但那人突然冒出这样的想法，说他想表现出自己的独立性，这让我觉得自己做得不够好。这让我很伤心，他和我的关系非常亲密，失去他就像失去了一个家人。

我始终把这个圈子视为我们一起的，我从未把它当成我一个人的。我一直认为我的生活和职业生涯是我们所有人一起造就的。我不是那种看上去唯一光鲜亮丽的人，而周围的人看上去都落魄潦倒。我不会到处炫耀，每个人都能自在地与我相处。通过妈妈的引导，我不断努力，我希望别人以什么方式待我，我就以什么方式待人。

人们可能不相信，但是我一直无视自己是名人这一事实。这就是为什么我是现在的样子，我不关注这方面。我清楚我是个普通人，但很多人认为人出名后就不同了。

别会错意，我对成名带来的好处很满意。如果你觉得我只是个打球的，不想听我说这些，也随你。如果我们聊聊，你会发现我的身份远不止是篮球球员。和我交流时，你们最不会想到的就是我是个篮球球员。

正因如此，我意识到我必须使我的形象比人们眼中的更丰满，然后左右他人的看法，而不因为他人的看法迷失自我，受到束缚，以为那就是自己的全部。

所以这就是为什么那么说的话让我有点沮丧，因为我从没想过这话会出自一个如此亲密的——我们圈子里的人之口。他说他需要脱离这种关系，他必须自己弄清楚状况。我感觉他原本可以像我那样依靠这个圈子的，但他觉得他希望靠自己想明白。

我必须接受这一现实，这让我很难受，因为我以前从未想过我的一个老友会这样。我会扪心自问，然后比之前更加回避这个问题，因为我想知道下一个离开的人会是谁。我开始有所预期，但我明白，如此应对这一问题是错的。我告诉他,我唯一的愿望就是希望他快乐幸福。我是个成年人，我得给他时间弄清楚他需要什么，也让我自己弄清楚我们的处境。

不过，归根结底，我实际上还是为了我的儿子。我希望能让他自己负起责任，所以对任何事我都不该找借口。如果我一直在找借口，在情况不顺时找借口，我怎么要求他负起责任呢？我有责任，我的一个责任就是有个男人样，照顾好家人。我原本打算放弃的钱是我儿子和家人应得的，我可以用这笔钱做好事。

我拼命工作才挣到这笔钱，这是我用表现挣来的。既然我的儿子、我的孙辈可以用这笔钱，为什么我要舍弃它呢？最重要的是，我不希望他长大后会觉得我让他失望了，或觉得我让一家人失望了。我需要他看到这种责任感。

我觉得我表现出色，但在效力尼克斯那个赛季的尾声，我不得不再次接受手术。那时候我已经改变了想法，我觉得我的处境很棒，也希望继续在尼克斯效力，只不过我不得不再次接受手术，必须再次为康复过程做好准备。我现在跟随朱迪·塞托训练。她是一位出色的女理疗师，曾在湖人和道奇队工作。我知道这次我会以正确的方式康复。

那天我本该事先告诉别人我打算离队回家，但是我想做自己，做我想做的事。回想起来，我理解这可能在他们考虑我的去留时对我不利。也许，他们感觉无法信任我。我当时只想回到家人身边。菲尔知道，尼克斯的人不会理解我的想法，对我来说，菲尔一直是最好相处的。结果连我的家人也不理解我回家的缘由，我就是想做自己想做的事。跟家人聊过后我返回球队，因为这也是我想做的事。

但是整个经历确实让我大开眼界。尼克斯在放弃我之前本可以让我保留鸟权，然后运作一笔交易，“德里克，我们在考虑改变球队的方向。我们属意这个叫尼利基纳的法国新秀。我们尊重你，但我们希望换个方向”。我本会尊重这种做法。或许尼克斯可以像国王对乔治·希尔所做的那样，留一名老将在队中帮助新秀成长。国王给了他合同，知道他会成为达龙·福克斯的替补。你明白我的意思吗？国王为他着想。

尼克斯本可以做同样的事，我也会这么做。我那天离开球队跟他们毫不相干，我对纽约印象很好。但是他们没有与我签约，甚至没有告诉我，没有任何交流。

我心想："我刚给你们打出场均 18 分的表现，我是控卫，然而你们又选了个控卫？"

史蒂夫·米尔斯跟我说了一堆关于非裔美国人的事，说什么我们是兄弟等等。他说这些屁话,想让我以为这会拉近我们彼此之间的距离。拜托，真实点，做你自己吧。

我喜欢尼克斯，尽管我们没有打进季后赛，我觉得我打得很棒。我觉得球队原本依然可以有所建树，或者原本在尝试有所建树。他们没有与我续约，但我绝对希望留队。

我不知道接下来会在哪支球队打球，对我来说，这种篮球生活是全新的。我知道我会继续在联盟效力，所以我专注于训练，持续康复过程，锻炼出比赛所需的体形。我必须再次展现给你。

13

与勒布朗·詹姆斯搭档

我不担心无球可打。我相信我有机会在某支球队打球，不过本杰明·罗伊·阿姆斯特朗说没多少球队打电话来询问意向，我印象中只有骑士。加盟骑士确实是我重返联盟的唯一途径。

当时，骑士真的算是我的“梦之队”，似乎也合我意。即使我说过要拿顶薪，但是这次我只能接受一份底薪合同，因为落入这种境地是我自找的，是我以那样的方式离开尼克斯的。

在2018年夏天加盟森林狼，也是因为我当年离开尼克斯的方式造成的。也许有人不相信我，这种不信任会一直笼罩着我，直到我能稳定打上两三年球，我认为到那时它会烟消云散的。我落到这种境地是我自找的，但这没什么，因为我那么做是为了自己，我不担心这个。这事怨不得别人，只能怪我自己，但我从整个状况中成长起来了。所以我觉得这种经历是值得的，它使我成长为更好的人。我为什么要后悔？我知道我搞砸了，但我从中收获很大，我的头脑变得清醒了。

我对能在那支拥有勒布朗·詹姆斯和德维恩·韦德的骑士效力感到兴奋。无论我的战术地位将是如何，我又回到一支在季后赛中走得很远的球队。我有机会去一支进不了季后赛的球队，可能薪水很高，但我不想在这种球队打球。我已经下定决心，如果我继续在联盟效力，我希望效力一支争冠球队。

骑士打来电话时，我立即决定加盟。我同意签约是在凯里·欧文被交易之前，所以对于欧文的交易，我确实感到意外。不过我心想："我还是要去骑士。我不知道我会有多少上场时间。"我以为我会和欧文一起去那里，但是后来一切都变了。嘿，我跟勒布朗·詹姆斯和凯里·欧文能兼容，而且凯里·欧文同样是突破攻框手。

在骑士效力很酷。球队整体的氛围不同，器材设施也不同，你能看得出他们刚夺过冠军。我没在这样的环境待过。你可以从他们的设施看出，球队很棒，教练组也很棒，都是一流的。

不过情势急转直下，我在训练营和季前赛发挥出色，但之后我受伤了，又要经历一遍之前的过程，这次是我的脚踝受伤了。

在赛季第二场比赛对阵雄鹿一战中，格雷格·门罗使我从空中摔落。当时我们领先，我的表现不错，出场约 20 分钟，得到 12 分，命中 6 个罚球，我不断突破对手的防守，冲击篮筐。如果你看了比赛，你会记起我在此之前打得不错。

我左脚踝直接着地，扭伤严重。我觉得是韧带出了问题，加重了那个部位的骨刺，大概一个半月我都无法跑动。

你懂的，球队可能以为我在说谎：“他只是不想出场罢了。”但是我无法跑动，我想我完蛋了，我的脚踝扭伤了，没人能解释这是为什么。我脚踝这个位置有些古怪，我又一次对此无能为力。

所以，没错，我离开了骑士，我以为我完蛋了，我和女友一起离开的。确保儿子没事后，我买了机票，没有告诉任何人。11 月，我们搭乘飞机前往墨西哥。

我再次想弄明白，怎样应对伤病才是最好的。我根本不能跑动，没人说得出是哪里出了问题。是的，我本可以退役，而且我完全能接受退役，但是我必须考虑我的孩子。别会错意了，我依然热爱比赛。一旦我站上赛场，投入其中，一切烦恼都烟消云散。篮球比赛的迷人之处就在于竞争。处在竞争中，我一天前、一年前是什么感受全都不重要，想法纯粹就是：“好啊，我们要在场上竞争了。”

可是，经历了我所经历的一切后，我再次受伤，而且没人相信我受伤了。这像重演了我公牛时期和尼克斯时期的事，人们始终相信我是为了钱或其他东西才这么做的。

我只是需要一些时间来重新想明白一切。我没有出战，但是人们再次因我离队而疯狂了，他们想起我尼克斯时的事。我知道乔金 · 诺阿效力公牛时，缺阵期间他多次外出度假。他回来时会晒得黝黑，我见状会说：“兄弟，你去夏威夷了？”

我记得勒布朗 · 詹姆斯回到骑士那年，他乘飞机去了某个地方，离开球队大概两周，我想他是回迈阿密了。但是，没错，球队表现得好像只有我出过这种问题似的。

我只是不明白哪里出了差错。当然，擅自离开球队是我的问题，但是归队后，我真的尽最大努力重新站上赛场。

那时候，骑士有了其他计划。我认为我尚能打球时训练极其努力。要说有什么问题，那就是他们必须强迫我离开球场，因为我训练量太大了，而这是在赛季还没开始的时候。我很兴奋能在一支连续三年打进总决赛的出色球队效力，与一名伟大的球员，以及其他很棒的球员同队，一切都很棒。

只不过，我立刻感觉到，他们不需要我了。我在寻找我的机会，就像后来与锡伯杜在森林狼发生的奇迹那样。我的身体重新恢复了健康，膝盖状态感觉也不错。我很久没有好好锻炼膝盖了。

就像我说的，我很高兴与勒布朗一起打球。这是一种奇怪的感觉，在学校时如此仰慕一个人，然后有机会和他正面交锋，尽管他比我大三四岁，但我可以挑战他，也可以从他身上学习，比如他掌控比赛的方式。在整场比赛中，他的步调都很一致。在他年轻时，他打球的节奏比现在快得多。而现在，他在整场比赛中都能控制节奏。即便你在第四节领先 10 分，他也能反败为胜，有时还很轻松。

我们交手时，有几次我逼迫他使出了全力，并非每一次，但有几次是这样的。我尊敬他，他是位出色的球员。当时人们总说科比 · 布莱恩特是联盟第一，勒布朗还处在他的上升期。勒布朗有巨星像，这点我看出来了。那时，我在高中打三号位，主要打无球。我和勒布朗的比赛风格有点接近，我们可以通过得分以及找到比赛的感觉，来掌控比赛，所以我高中时从看他的比赛中学到了很多东西。

我不是死忠篮球迷，不像一些把海报贴在墙上的狂热爱好者那样。我欣赏并尊重球员的比赛表现，这是追逐伟大的一部分。我会告诉你，勒布朗·詹姆斯所拥有的一切，他都当之无愧。每年他的表现都保持稳定，你知道这有多难吗？

我效力骑士时，勒布朗·詹姆斯人很好，但我们的关系从来不是很亲密，只是队友。我们从未聊过我们交手的比赛，但是，跟他相处很愉快，他很有职业精神，而且趣味十足。他是个外向的人，和他在一起很棒，因为每天我都在目睹伟大，看到他的职业精神。我了解到他对自己身体的悉心打理，他总在早上做些训练，重量训练、篮球恢复训练等。他在各方面都很顶尖，15 年来一直如此。

他在队中掌控着很多事，对于这样一名球员，又有何不可呢？因为他的成就，他在一切事情上都有话语权。我不在他的关系网之中，这话没有别的意思，我有我关系好的朋友。我知道在工作环境中应该怎么做，怎么与他人相处融洽。有些人大概会有怨气，但是我的出身就是这样，它教我努力活下去。我每天都会挨打，但我丝毫不表露出畏惧。如果你是个孬种，就不一样了，但我不是，我不会拍别人马屁。

这也是最终影响我与骑士队友关系的一个原因。我跟他们一起吃过几次晚饭，但至于外出、他们做的那些事、打扮等，我都不参与，而是待在我自己的房间里，以赛亚·托马斯和杰·克劳德也是这样。你得理解，我刚吃了官司，还在受审。我做任何事都不能被人看到，哪怕只是外出。

在我们到达墨西哥之前，我没有告诉任何人我离开骑士的事。这么做的原因是：我觉得我第一次离开球队时与我的家人沟通过，他们并没有真正听取我的想法。离开尼克斯后，我能接受回到球队，也理解我必须做什么。但在骑士时，我没有完全想明白，再次受伤后也没有想明白。骑士的人不理解我的想法，所以，我确实觉得，我必须离开，如果我跟任何人提过或谈过我遇到的问题，家人会再次尝试阻止我离队。

我去了墨西哥，思考了很多事，做了很多次祈祷，写了很多文章。我一直有记日记的习惯，没有人看过我的日记。无论我写什么，内容总是感谢所有看我打球的人。

每次我写日记时，感觉总像我在与某个人对话。写作对我来说是一种自己跟自己交流想法和感受的方式。我总是在文章中向那些看我打球的人致谢，告诉他们我拥有这一切是何等幸运，请求他们原谅我的过错，哪怕是那些我并未注意到的过错。

我在墨西哥待了一周，之后回归球队。人们说我抑郁了，但是我感觉我很幸运，不必对任何事感到抑郁。别会错意，我知道抑郁症是真实存在的，我在骑士的队友凯文·乐福谈过这个问题。我认识得过抑郁症的人，这种病很难熬，他们控制不了自己。人们会说你有钱又有名，生活自然过得好，烦恼都会消逝，不是这样的。我需要时间弄明白状况，理清头绪，想出一条出路或一种方法，让这个过渡过程尽可能顺畅，还要想清楚自己退役之后的打算。很多人认为我的篮球生涯结束了，我必须解决这个问题。

旅游的时候，我会打电子游戏。有时会看书。

但大多数时候，我会下国际象棋。

我很喜欢下国际象棋，这帮助我渡过很多难关，因为下棋让人思考。我经常在网上下国际象棋，这样人们就不知道他们的对手是我。我下棋的水平还不错。

我回到骑士时，他们让我跟一个心理咨询师聊聊，因为他们以为我精神失常了。我看得出他们在想 ："除非查明你没有精神崩溃，否则我们是不会让你出场的。"所以归队后我和队内心理咨询师聊了，我告诉他，我喜欢下国际象棋，他以为我在说胡话，所以随后的咨询，他带来棋盘，说我应该下棋给他看。我猜他是想让我证明给他看。我把他打得落花流水！他惊讶极了。之后我打电话给我朋友，说 ："我完爆了那个心理咨询师！"

下国际象棋是我人生中最重要的事情之一，真的。我对国际象棋的热爱始于七年级时，那一年我转学去了比斯利学校，因为兰德尔只在我之前的学校上到六年级。比斯利学校是一所从幼儿园到八年级的八年制学校，但是我只在那里上了七年级和八年级。那是我第一次看到一支国际象棋队，甚至是我第一次听说国际象棋。国际象棋队在午餐室里下棋，我以前经常坐在一旁看别人下棋，从不说话，也没有下过棋。我不会在这种时候跟别人说话，我经常观战，看看国际象棋是怎么下的，并由此对它产生了极大兴趣。

国际象棋的奇妙之处在于它太复杂了。它的规则很简单，因为每个人都会下国际象棋，但我觉得下棋是对你的挑战，它需要耐心，让你思考你在做什么，为什么这么做。下棋过程中有长久的沉默和漫长的停顿，这让我联想到我的生活，比如我早早地失去了我的后，我就有麻烦了。现在游戏正在进行中，德里克·罗斯还有一个兵，但他会让这个兵一路走到对面的底线，用它来升变为另一个后。

这就是我对当下处境的感受，因为伤病以及其他种种遭遇，我失去了我的后，现在我在拼命奋斗。棋盘上我只有三个棋子，你的三个棋子对我的三个棋子。而我的一个兵有机会升变为后，这给了我希望。棋如人生，这就是国际象棋的魅力所在。人们称国际象棋为人生的游戏，你得在游戏中解决问题。你无法在每场比赛中都做到完美，一盘国际象棋要走这么多步，你是不可能做到完美的，所以，设法解决问题吧。这就是我喜欢下国际象棋的原因。我总是独自下棋，如果我一个人在飞机上，手机里就有游戏软件。我通常会携带一个棋盘。国际象棋改变了我的生活，没瞎说，它帮助我了解了应对策略。

我见了骑士的心理咨询师，但是我可以看出，骑士不希望我回去，这一点我看得出来。他们甚至不希望我打得好，这样他们甩掉我就不会显得不近人情了。骑士击败步行者的那场比赛，我打得不错，出场15分钟得到14分。下一场比赛，他们让我出场8分钟，之后没让我出场，再后一场让我出场了5分钟。

我选择与骑士签约时，原因是我不想在进入老将模式后待在一支进不了季后赛的球队。我想去一支争冠球队，还希望去一支有顶级球员的球队，比如和勒布朗同队。

我记得当时我和新任总经理科比·奥尔特曼在那里签约，我们共进了晚餐。他表现得很兴奋，对我说："我不敢相信我的第一笔签约是签下德里克·罗斯。"没人让他这么说，我们在吃饭，他随口这么说了。

没事，我能尊重他这么做，但是，把我交易到爵士的人也是他。

如果你真的兴奋，真的希望我加入球队，你至少应听我说说我的经历，留我到赛季结束，我知道我原本可以帮助那支骑士。如果你真的在乎，你本不必交易我，他曾说："没事，这个赛季我会让他留队，观察他的表现。也许下个赛季我们会考虑裁掉他，但至少这个赛季会让他留下。"两周后，我就被交易到了爵士。你必须看到一点：人都是为自己考虑的。

我刚进联盟时不需要应对这种事，因为那时我的天赋是压倒一切的王牌，但是，每个上班族最终都会明白这一点：上级总是喜新厌旧的。

起初，我不需要应对或真正理解联盟中的事。人们对我说："兄弟，你怎么没招募什么人来？你应该拥有一些帮手！"联盟就是这样运作的，人要有帮手。

我走在街上，会有陌生人来问我："你们打算让谁加盟吗？你们的出场时间都太长了，兄弟。"我不明白招募这种事。我看过联盟中很多球员的表现，比如迈克尔·乔丹、"魔术师"，我以为我在走和他们一样的路。现在回想起来，我心想："该死的，如果我得到一点帮助，处境就会轻松一些。"但这不是我当时会考虑的事。

我的女儿即将出生，我被骑士交易，随后被爵士裁掉，我还在克利夫兰训练。我和朋友阿特去克利夫兰州立大学训练。我不知道骑士队内发生了什么，但是你们看得出，他们清楚他们打算放弃我了。我在对阵步行者的比赛中短时间内砍下 14 分时，我就知道他们不希望这样的事发生，所以在那之后的几场比赛，他们让我坐在板凳上，后来我就被交易了。

14

疯狂的50分

被爵士裁掉后，我不知道未来会如何，但我不认为我的职业生涯结束了。我很惊讶，最终我又与锡伯杜、泰·吉布森、吉米·巴特勒等人在森林狼重聚。我可以说，这给了我时间真正领会我在去森林狼之前所经历的一切，因为我到了队中时，不知为何，我有种“终于回家了”的感觉。

在尼克斯，我一直感觉不对。在骑士，我在队中尽了努力，但还是感觉不对。在森林狼，锡伯杜很坦诚，即便我刚加入球队，他没有让我出场，他也会向我解释缘由：“这支球队里有特定的人，他们感觉他们需要让特定的人出场。”他让我支持他。我支持他，他也为我考虑，这是我希望回到他麾下的一个原因。

还有一个原因是吉米·巴特勒。

有趣的是，在公牛，我和吉米·巴特勒应该是对头，而在森林狼，我们的关系不亲密，但从未有过矛盾。我说过，在森林狼，当他的交易流言四起时，他找我聊过当时发生的事。媒体疯狂报道时，我们互发了好几次短信，因为我确实对这种情况有所了解。

我不打算在媒体面前牵扯进吉米 · 巴特勒的交易流言，但是我也得在年轻球员身边发挥老将的作用。我跟吉米 · 巴特勒分享了我的观点。不过，我传递给他的一个重要信息是，不要失去他的筹码。为了我们所拥有的权利，奥斯卡 · 罗伯特森和其他球员付出了太多努力，我们应对这种事不能出差错，不能将球员所具备的这种影响力拱手还给球队。

这种交流对我与年轻球员的关系也有好处。他们看到我对所有人一视同仁，会心怀尊重和爱，会向我寻求建议，我感觉他们很高兴队中有我，但我也能理解吉米 · 巴特勒的感受。

瞧，那不是他的错，而是联盟的错。我没有冒犯卡尔 · 安东尼 · 唐斯的意思，他很酷，人也很好，但是这些年轻球员进入联盟后，还未取得什么成就，联盟就把他们宠坏了。他们拿到的第一份合同就是 1.9 亿美元，拜托，这就导致如果一名年轻球员对现状不满，他就能发话炒掉主教练，或炒掉教练组的任何人。他们的权力太大了，什么，他们只有二十一二岁？他们没有受到引导，只有金钱和权力，并且他们不是在引导下接触的，而是猛塞给他们的。我知道今时不同往日，但是我进联盟时不是这样的，而且也不该是这样的。

以前，我必须打出出色的表现，才能成为选秀状元，现在的球员不需要在 NCAA 锦标赛中有什么表现了。我觉得我必须证明我自己，关于我和比斯利谁会是状元秀的争议一直持续到选秀当天。现在的年轻球员甚至不必非得打进锦标赛。马克尔·富尔茨？本·西蒙斯？你们都是不错的球员，但你们甚至连带队打进 NCAA 锦标赛都做不到？

但是联盟的态度是："哦，我们已经可以说，他会是一名优秀球员，他会达到顶薪水准。"这种态度你看得出来，但与此同时，谁来引导这些年轻球员呢？这种引导够吗？这种引导好吗？我就是我的感觉，吉米·巴特勒亦是如此。现在这些年轻球员感觉自己地位很高，可他们取得了什么成就？我们所面临的现状就是这样，这对联盟来说是个大问题。

吉米·巴特勒觉得："我才是那个带队打进季后赛的人，管理层为什么却优先考虑他们的薪水？"这就是一切问题的根源。尽管他是对的，但他的做法不对，所以我们聊了聊，我告诉他，他要更好地控制他的情绪。联盟的老板都是亿万富翁，他们每天都会交流，什么都知道。所以为什么要与队友疏远，给他们抓到这种把柄呢？这只不过是自讨苦吃罢了。

确实，我认为吉米·巴特勒在我接触他时感到惊讶，大概惊讶极了。吉米是个好人，只不过想要得到公正的待遇。

至于吉米·巴特勒在训练赛霸气表现的疯狂传闻？联盟今非昔比了，兄弟。他在场上打得非常努力。在那次所有媒体都大书特书的训练中，他只得过一次分，是的，只命中了一球。他用右手指了指天，这有什么好大惊小怪的？但是媒体炸开了锅，搞得你觉得他得了 30 分。这就是为什么我不再给这些媒体提供材料了。

我告诉你，这件事让锡伯杜遭受了毁灭性打击。锡伯杜对我们什么都没说，但你看得出他很难受。吉米·巴特勒对我们来说是一名重要的球员，我们在西部，我们当然清楚我们需要他。我们希望信心十足地迎来新赛季。卡尔·安东尼·唐斯和安德鲁·威金斯这些球员都很年轻，他们提高了比赛强度，我感觉我们会是一支很棒的球队。所以，我的职责成了密切关注每个人的表现。没错，说的就是我。

我感觉作为队中的老将，使每个人在队中感到轻松是我该做的。我一直在沟通，说的话比以往任何时候都多。尽管现在我 30 岁，在联盟效力 10 年了，这依旧是我话说得最多的一次。

对我来说，我只想继续成长，为队友做正确的事，不过现在不是以场上的助攻，而可能是以其他方式提供帮助。我很确信，几年前我是不会给吉米·巴特勒发那些短信的，而现在，我只想让他从我经历的事情中得到一些启示。我说："这种事我经历过，兄弟。你现在这么处理这件事，就会给他们骂你的筹码。他们会像曾经试图打压我那样打压你。"

我不会建议任何人按我以前那样做，尤其是他们经济状况不好的话。我看到巴勒特走上我以前走的那条路，所以我感觉我有必要主动提点他："你动过一次膝盖手术，而且 29、30 岁了，他们会骑到你头上，很快就会骑到你头上。"

最终，吉米·巴特勒被交易到一个好下家，我希望他对结果感到满意。

但是对很多球员来说，为自己争取公正对待的结局不尽如人意。

看看以赛亚·托马斯经历了什么。2018/2019 赛季过半，他依然无球可打。他为凯尔特人付出了那么多，现在仍未康复，最终却被骑士交易。我就是这个意思："别让他们在你头上拉屎，别给他们这种筹码。"现在，作为球员，我们有自己的筹码。我告诉吉米·巴特勒："你有天赋，就有筹码——有世界上的一切筹码。"我跟他说我理解他提升训练强度的做法。我与乔金·诺阿和科特·托马斯一起打过球，我每天都会意识到他们是何等混蛋，一整天都在喷垃圾话。我理解这种行为，但同时，你得学聪明点。

交易发生前，吉米·巴特勒一直很愤怒，听不进去我说的话。我告诉他，他需要下国际象棋。国际象棋能让他提前思考未来的几步，不要意气用事。或许，国际象棋也能拯救他的人生。

与吉米·巴特勒有关的种种风波使赛季初的一切黯然失色，但是我很兴奋，感觉真的很好。赛季开始，我甚至命中了几记三分。我感觉我终于找回了我的平衡。我感觉在 2018 年夏天，我各方面都做对了。我做重量训练，但是不会超负荷地练。我做了很多篮球训练，比过去三四个月做得都要多。我变强壮了，但没有过度补偿我的腿。我失去了投篮节奏，没有打太多比赛，所以那年夏天，我尽可能多地回到球场上打球。每年我都期待着赛季开始，但这一年我的感觉尤为不错，大概是我公牛最后一年被肘击眼部之后，感觉最好的一年。

我强烈感到，进入 2018/2019 赛季我会再次打出一些惊人的表现。兄弟，我认真得不得了，我已经找到状态，只是在寻找一个再试一次的机会。这将是最后一次，在此之后，我就能心安理得地做任何我想做的事。我得倾尽全力再试一次，之后再优雅地离开，这样我就能预见结局了，因为结局是我所希望的，而非被迫接受的。这就是我在那年夏天赛季开始前的想法。

我还想再打几年。经历了我所经历的一切，想到我在联盟效力 10 年了,真是一件疯狂的事,我已经比大多数球员打得都久了。我很幸运，我重新找回了状态。如果在森林狼最大的问题是跟年轻球员相处，我能接受这一点。这是个可以解决的问题："让他们成熟起来。"每次发现他们的问题时都向他们指出，这对我来说不成问题，我会把这件事放在第一位的。我想方设法地告诉他们："你们现在的处境怎么样？珍惜吧，去了另一支球队，情形可能完全不同了。也许你会疯掉的，球队总经理或老板还对你恶语相向。现在身处这种环境，你们应该心怀感激。"

之后，我在万圣节晚上砍下了 50 分。那晚发生了很多疯狂的事，但是我确实觉得，这是注定要发生的。我经历了那么多坎坷和逆境，那场比赛就是我展现自己实力的方式。一旦我把一切调动起来，那场比赛就应该是那样的。

那 50 分是"我将展现给你"的宣言。我知道，并且始终相信，我仍有那样的实力，但我知道没有人相信这一点，除了我的朋友和家人，还有锡伯杜。

然而，我觉得那场比赛的方式，才是对我最重要的展现，并且意义重大。这是一场如此激烈的比赛，而且我们赢了。很多人忽略了一点，在比赛最后时刻——比赛还剩下3秒，森林狼领先3分——我封盖了丹特·埃克萨姆的投篮，帮助球队锁定胜局，这是我所关心的。砍下50分是一回事，如果球队输了，谁会在意呢？出手30次，但球队输掉比赛，又有什么意义呢？但是，我拿了50分——考虑到我还投丢3次罚球，我的得分本可以超过50分，并且在比赛时间还剩13秒时用两记罚球一锤定音，之后还封盖了对手的出手，这就是为什么我在赛后会有那样的情感流露。

要知道，爵士在比赛还剩一分多钟时仍处于领先，不管我得了多少分，如果我们没有赢下那场比赛，我的得分又有什么意义？

队里缺乏人手，锡伯杜和队友们都依靠我，这意味良多，并不是说像以前那样，而是说我经历了这么多事，我还是可以做到的。我很感慨，因为我始终相信这一点。我告诉人们我会卷土重来，再次拿到一份顶薪合同，我这么说不是为了钱，而是因为这件事的意义——一份顶薪合同意味着你回到了那一水准。

我一直对自己抱持这种信念，也不在乎别人怎么看我，我知道这很疯狂。当然，我有时会在意别人说什么，因为这会对我最重要的人造成影响，而人们在写东西或传播信息时是不会考虑的。有几个人清楚我为自己的技术付出了多少心血，那就是我的好友，对我来说他们才是重要的。我们一直说，要打出一场这样的比赛，但要说真正上场，有机会做到这件事，而且一场比赛要出手30次，的确有点难，我上次在一场比赛中出手30次是什么时候？

现在的情况是，有几个特定的球员每场比赛都有这么多出手数。

我不是想点名，但是爵士那个男孩在同一时期的一场比赛里出手了35次，不过这并不稀奇，现在经常有球员这样做。我以前谈过这个问题，得不到出手权，你就不可能做曾经做过的那些事，即便你是健康的也无济于事。那么，如果有一场比赛，我得到这么多出手数，会怎么样呢？

然而，我有这么多出手权唯一的原因是队中缺乏人手。吉米·巴特勒不出战，杰夫·蒂格和泰厄斯·琼斯都缺阵了。我从未刻意出手那么多次，我考虑的一直都是队友，除非在我必须得分的时候。赛前，我感觉我必须承担起这份责任。当然，我没有想过我要拿50分，只是觉得我必须做一些通常不会尝试的事。

我知道我有多努力，也知道自己有天赋。有时，人们知道你有才华，会费尽心机打击你，说你的坏话，希望你放弃，不再做这件事。我记得玩骰子时，当你知道有人手气火热，就会对他们喷垃圾话，因为你知道他们很厉害，这样做可能会导致他们分心失误。

在森林狼时，我不会像尼克斯时期那样，在这样一场比赛后回顾它，或者大笑，或者心生怨怼，或者想："我早就告诉你们会有这样的结果。"从最后的结果来看，我本可以有怨怼，但那是以前那个年少无知的我。锡伯杜和森林狼队允许我保持通常的打法，而我现在的打法比我过去更有控制力和效率。

因此，与其说心怀怨怼，不如说我把尼克斯时期视之为因祸得福。这段经历使我通过与波尔津吉斯和卡梅罗·安东尼一起打球，学会了如何做球队的第三选择，并弄明白了如何以我自己的方式影响比赛。在三角进攻体制下，我仍能拿到我的平均得分，作为三角进攻的第三选择，场均得到 18 分，这不正说明我的实力吗？以前的我会对球队总经理发飙，会对队中所有人感到不满，但我在那里有所收获，我学会了如何在球权有限的情况下依然以自己的方式发挥对比赛的影响力。这一点意义重大，需要时间赋予我的成熟，成长过程中，我尝试了解我是个什么样的人。

的确，我知道我很固执，我不会依靠任何人教我什么，我感觉我能自己搞清楚一切。经历受伤和恢复过程，辗转尼克斯和骑士，这些在某种程度上使我更加脆弱。对家人来说，我是经济支柱。没人希望那个包办一切的人被打倒，让他们感到受伤或无助。

所以，我必须始终维持那种外在，或筑起一圈围墙，就像我要为其他人坚强起来。但是当他们看到我敞开心扉，当我表现出我所表现的东西的时候，就是一切都改变的时候。正如我前队友凯文 · 乐福所说：“活得真实，畅所欲言，不要畏惧。”

能够看清，是一种福分，因为我知道每个球员都在经历什么。从某种程度上说，联盟中所有球员都固执又骄傲，因为你必须付出极大努力，才能进入联盟。从外表上看，一切光鲜亮丽，但个中却有种种磨难。我们都是经历同样感受的人，银行账户里有多少钱并不重要，钱再多也不意味着你不会有某种感受。

对每名球员来说，情况都是会改变的，就像你的工作一样。也许你现在是个红人，但你知道，一旦你到了一定年龄或一定位置，情况就会发生变化。像勒布朗 · 詹姆斯这样在进入联盟时受到热捧，经过

15 年热度依然不减的球员凤毛麟角。从卡梅罗 · 安东尼的事上，你们可以看出这一点，人们说 ："你的故事已经结束，我们不想再听你的故事了，我们受够你了。嘿，我们来看看新生代的年轻球员扬尼斯 · 阿德托昆博，每个人都在谈论他。"你们知道，相同的事也会发生在扬尼斯身上，生活就是如此。

然而，这一切并不意味着他们不再谈论你，或你的故事已经结束了，这真的是我一直以来的感觉。无论他们说什么，你决定你的故事。我知道我有怎样的天赋，我这么说，别人会以为我在自欺欺人，或以为我疯了，但是我确实觉得，我只是需要机会。于是我来到森林狼，成为球队的一分子，球队主教练信任我。

其他球队，他们说他们信任我，却让我打三角进攻。"好啊，你们不信任我。如果你们信任我，你们本该改变进攻体系。骑士，你们说你们信任我，赛季末却又不让我出场。泰伦 · 卢，我喜欢你，我不是针对你，可你不知道我有多优秀。"

然后我去了森林狼，在锡伯杜执教下打球。要说有什么区别，那就是他从第一天起就在关注我的健康。我没有超负荷运转，而且我认为，因为我与锡伯杜相处过很久，我们可以彼此沟通交流，这对于教练来说很重要。之所以我会误解某些教练，就是因为没有我和锡伯杜之间那种沟通。

有趣的是，很多人不理解我和锡伯杜的关系。他们说 ："他是你受伤的罪魁祸首！"什么？锡伯杜无法左右我在场上考虑什么。我不想听起来很疯狂，但我相信精神上的东西。当时我太受追捧了，我横空出世，给联盟增加了很大压力，你永远不知道人们希望在你身上发生什么。我并不是说事情的发生是因为人们希望它发生，但我确实相信因果循环，相信善恶。人会有恶念。过去，我感觉我没有受到太多保佑，现在，我觉得我确实受到了护佑。

下面的对话就能体现我和锡伯杜的沟通方式很不一样。杰夫·蒂格受伤了，于是我会对锡伯杜说："让泰厄斯·琼斯首发吧。"

他会说："不，你来首发！"

好啊，这很酷。但是，我们会坦率直言，说出我们的意图和想法，然后就是打球。我不会试图干涉任何人的职责，因为我知道我在森林狼就是要坚持发挥老将的作用，融入球队，放轻松，不要有压力。

随着年岁渐长，我才意识到这一点。如果你像我一样从小崭露头角，就会感到压力。从我五六年级在芝加哥打球起，我一直有压力。不仅是在重大比赛时，还有被比较、被寄予厚望时也会感到压力。进入联盟后，这种压力更大了。

我记得因为担心比赛，很多个晚上我都睡不着。不是担心对手是谁，只是担心比赛本身。我希望有出色的发挥，球队也需要有出色的发挥，以前，这种担心时常令我发狂。我感到一种必须表现出色的压力，即便我知道我付出了努力，还是希望自己能在场上得到成果。我知道，这是一项运动，每个人都喜欢运动，但谁的工作会有那么多人在你面前嘶吼"打得不错""你烂透了"诸如此类的话呢？

现在，这都不是事。不是说我不再重视比赛，而是现在我会在场上看看球队需要什么，不是勉强投篮，而是权衡比赛的局势。需要我打替补？没问题。这就是为什么我在2018/2019赛季开始前说，我能够赢得年度最佳第六人。

是的，多年前，在赛季初我说的还是MVP，而现在我说的是第六人。我想这是正确的做法，我必须将我的自尊放到一边，清楚在我职业生涯的这个阶段，什么才是最重要的。

我本可能会因为没有首发而发狂，但转念一想：“如果我儿子看到、听说这件事，有朝一日，他期望利用他的身份得到他想要的东西时，以此为借口，在公司一副被宠坏的样子，怎么办？”

不，你要靠自己的努力去磨炼、去晋升、去上位。不要幻想，要努力争取。我所有的成就都不是凭空而来的，我必须付出努力，才能成为状元秀。整个高中时期，我一直追随着奥文顿·杰安东尼·梅奥，然后成为状元秀。进入联盟时，对公牛队而言，我也知道争论的焦点是我还是迈克尔·比斯利。当时迈克尔·比斯利很棒，如果你们想选他，没问题，我理解。即便发生了种种事情，我始终觉得我必须证明自己。我觉得，不管发生什么，我在联盟的整个时间都必须这样做。这就是为什么会出现这样的结果，我夺得了MVP：“我为什么不能拿到MVP？”

你知道我当时怎么说的：“滚一边去。”

瞧，问问题的人是你。如果不想我回答，你为什么还要问这个问题？

所以，没关系，即便现在，你们还会贬低我。很多不知道我经历的人说我应该退役，而前球员们表现得好像他们从来没经历过我的处境。你知道他们都是怎么说的：“他完蛋了，他场均得分只有6分或8分，甩掉他吧。”但是我对此的看法是，我觉得每个出色的人都会在某一时刻重塑自我，我就是这么做的。

重塑自我不仅要从比赛中学习。我与锡伯杜聊过蒂姆·哈达威的事，他曾在勇士打球，之后受伤了，被交易到热火，复出后成为全明星和球队领袖。细数那些著名人物，比如弗兰克·辛纳屈，他曾是红极一时的流行歌手和演员，之后隐退了，复出时带来了大型爵士乐队、民谣和一种截然不同的风格。他从一种环境起步，不断变换风格。比如小罗伯特·唐尼，他曾是著名演员，之后身陷毒品问题，甚至因此身陷囹圄，回归影坛后成为历史上最大牌的明星之一。拜托，想想他都经历了什么？他本可以放弃，那样他的演艺生涯就会结束了，但是他吸取了一切经验教训，并将其作为促使自己改变的动力。有些时候，你必须表现出脆弱的一面，理解并接受发生的事，明白自己是谁、能做什么，别让他人为你的生涯画上句号。

有时候我甚至觉得，在早年间拿到我梦寐以求的冠军，也许会让未来的一切更令人心态失衡。也许关注我的人所做的那些是有理由的，我的伤痛以及所有的一切也是如此，这样我就能看清一切事物的本质，也看清人的本性，谁是真正对我不离不弃的人，谁又是在我危难之际抛下我自己抽身的人。

现在，我感觉我们在同舟共济。我了解那些支持我的朋友和家人，这种情谊是买不到、求不得的。夺冠需要经历许多艰难险阻和困苦时期，有时还会发生许多糟心的事，也许一个冠军对那时候的我来说可能太沉重了，这种事很难说。

我的故事意义不止于我自身。人们无法掌控未来的事，你不知道我的故事中还会发生什么。不过从我给予的方式，对待妈妈、家人以及每个人的方式，以及我遵循自己原则的方式来看，我清楚，我的故事会好事连连。

我将遵从我生活的准则，聆听我命运的预兆，解读我未来的迹象。每个人在各自的生活中都有对他们来说很重要的事。不管别人怎么说，我始终清楚我有多努力。我效力森林狼时，我想成为怎样的球员、希望有怎样的打法，这些都展现在了赛场上。我在森林狼找到了自己的舒适区，把握住了自己的定位，从而达到那种境界。

是的，过去做决定的人是我，不是别人，是我把事情搞得一团糟。我是个成人了，我有足够的勇气这么说，同时也清楚，我那时需要帮助。你瞧，效力骑士时，我不知道我会在空中被撞到地上，而且一个月不能跑动，事情就这么发生了。离开骑士则是我的选择、我的决定。

但我不觉得这就是我人生的最后一章，我感觉我还可以为社会做很多贡献。以我的人格和心性，我感觉我可以为我的人民做更多的事，因为正是对我过去的认知，使我走到了今天。我不能忘记朋友、球迷、家人和过去，不能忘记那些告诉我真相，并且时刻留意我的所爱之人。我不断奋斗，因为我永远不知道，谁在看着我。

尽管经历了这一切，对我来说最重要的事依然是，赢球。

一开始，像所有球员那样，我努力是想拿到钱，拥有良好的经济条件。我只是实话实说，所以我才这么说。但是经历了一切之后，尤其是在当下，我想向人们展示我有能力打篮球，并在这个过程中帮助年轻球员。我有机会目睹和经历那些起起伏伏，所以为什么不把它分享给他人呢？

该死的，我曾是MVP，然后差点被踢出联盟。被球队裁掉后，我在克利夫兰州立大学训练，试图找个下家。我回到克利夫兰自己训练时，雷霆谈过与我签约至赛季结束的事。但之后，锡伯杜联系我，让我等一等，慢慢来。当时我准备好了，我准备好再次向所有人展现。

我感觉一切朝着正确的方向发展，我认为自己能够适应联盟，这是我想继续在联盟打球的原因之一。我希望你在不经意间查到我的表现，发现我在联盟效力15年了，惊呼："天呐，你还在联盟啊！"这是我所希望的。我感觉我还有很多事情要做，所以现在我只是在寻求一个机会。一旦我得到机会，我就将好好利用它。

我不担心受伤，我上一次担心受伤大概是在我第二次伤病时，从那之后我再没考虑过受伤的事。想这些会令我感到厌烦，我只是心怀信念，清楚受不受伤不是我能控制的，能做的只有准备好成功的条件。现在，我喜欢打球的一切，心思也在这方面上，对它的享受程度超越了任何事物。早些年我执迷于追逐卓越，成就卓越，努力求取那些荣誉，却无法乐在其中，不像现在。

现在，我在展现卓越。

时间线

德里克·马特尔·罗斯

1988年10月4日：出生于伊利诺伊州芝加哥。

2006年3月18日：在加时赛中命中制胜球，带领希米恩高中战胜皮奥里亚里奇伍兹高中，夺得伊利诺伊州高中篮球赛冠军。

2007年3月31日：当选伊利诺伊州篮球先生。

2008年4月7日：带领孟菲斯大学打进NCAA锦标赛决赛，经过加时赛负于堪萨斯大学。

2008年6月26日：在NBA选秀中首轮第一顺位被芝加哥公牛选中。

2008年10月28日：在公牛完成NBA首秀，得到11分和9次助攻。

2009年4月18日：在季后赛首轮第一场得到36分，追平卡里姆·阿卜杜勒·贾巴尔的季后赛新秀得分纪录，击败上届冠军凯尔特人。

2009年4月22日：当选NBA年度最佳新秀。

2010年1月28日：入选NBA东部全明星，成为继1998年迈克尔·乔丹之后首名入选全明星的公牛球员。

2011年5月3日：以几乎全票通过的结果当选NBA历史上最年轻的最有

价值球员（MVP）。

2011年12月21日：与公牛签下顶薪续约合同，合同期至2016/2017赛季。

2011年12月25日：在缩水赛季揭幕战中命中制胜球，击败洛杉矶湖人。

2012年4月28日：季后赛首轮第一场，芝加哥公牛对阵费城76人的比赛中，在还剩1分20秒公牛领先12分时左膝关节前交叉韧带撕裂。

2012年5月12日：在拉什大学医疗中心接受手术，外科医生布赖恩·科尔预计至少12个月之后才能回归赛场。

2013年11月22日：接受膝关节前交叉韧带修复手术回归之后的第十场比赛，右膝半月板撕裂，于2013年11月25日接受手术后，宣布赛季报销。

2014年9月14日：在男篮世界杯决赛美国队战胜塞尔维亚队的比赛中，得到全队最高的6次助攻。

2015年2月23日：出战46场比赛后右膝半月板撕裂。

2015年4月8日：复出战出场19分钟，得到9分。

2015年4月18日：膝关节前交叉韧带撕裂后出战的首场季后赛，得到23分，在芝加哥公牛战胜密尔沃基雄鹿的系列赛中场均得到21.5分。

2015年5月8日：得到30分，并命中制胜球，芝加哥公牛在东部半决赛中以大比分2比1领先克里夫兰骑士；骑士赢得了之后的3场比赛。

2015年9月29日：在赛季第一次训练中眼眶骨折。

2016年6月22日：与贾斯廷·霍勒迪一起被交易至纽约尼克斯，换来杰里安·格兰特、何塞·卡尔德隆和罗宾·洛佩兹。

2017年1月9日：离队回家一天，缺席纽约尼克斯对阵新奥尔良鹈鹕的比赛。

2017年4月2日：出战64场比赛，场均得到18分之后，左膝半月板撕裂，缺席赛季余下比赛。

2017年7月25日：与克里夫兰骑士签约。

2017年11月24日：出战7场比赛后，因个人原因离队。

2018年1月18日：在归队后的比赛中，出场13分钟，得到9分。

2018年2月8日：被交易至犹他爵士，并在2月10日被裁掉。

2018年3月8日：与明尼苏达森林狼签约。

2018年7月4日：与森林狼续约。

2018年10月31日：在森林狼战胜爵士的比赛中，得到生涯最高的50分。

2019年1月16日：罗斯出场砍下15分，职业生涯总得分破万。

2019年3月22日：森林狼宣布罗斯因右手肘伤势赛季报销。

2019年7月8日：罗斯与活塞签约。

2020年2月3日：罗斯腹股沟受伤退场，此前他连续14场比赛至少得到20分，连续20+场次排名活塞队史第五。

2020年2月5日：罗斯入选芝加哥全明星技巧挑战赛名单，两天后宣布因伤缺席。

2021年2月8日：活塞和尼克斯达成交易，罗斯重回尼克斯。

2021年12月23日：尼克斯宣布罗斯接受了脚踝手术。